ケロポンズ・すかんぽの

行事&誕生会シアター

チャイルド本社

はじめに

> ケロポンズ（増田裕子　平田明子）より

　わたしたちはいつも「へんてこ」に心を惹かれます。ケロポンズが考える「へんてこ」はいわゆる「変」という意味ではなく、心がころころ笑うような、可笑しみがあり愛しいものです。

　子どもたちが育っている世界は、大人が気づかないさまざまな「へんてこ」に包まれていて、それが必要な気がするのです。そして、今回のシアター本に一緒に出演させていただくことになった、すかんぽは、まさにその「へんてこ」に溢れたすてきな2人組です。

　そんなすかんぽとわたしたちは、保育月刊誌『Pot』（チャイルド本社）にオリジナルのシアター作品を掲載していました。そしてこの度、『Pot』で掲載された作品に新作も加え、合計18のシアター作品を1冊の本にまとめさせていただくことになりました。ヤッター！！

　ちょっとしたすき間時間に簡単に演じることができるものや、季節や行事に合わせたもの、誕生会やみんなで集まったときにできるものなど、さまざまなシーンを想定した作品が満載の1冊です！！

　シアターも絵本と同じように一度作れば何度でも演じることができるものです。まず、みなさんの近くにいる子どもたちを見ながら、その子どもたちが喜びそうなシアターを1つ作ってみてください。演じてみて、「もっとこうしたいなぁ！」と思うことがあれば、みなさんの感覚や子どもたちの感性に合わせてどんどんカスタマイズしちゃってください。そして子どもたちと「へんてこ」で楽しい日々を過ごしてくださいね！

　すかんぽがはじめて心揺さぶられるシアターに出会ったのは、増田裕子(ケロポンズ)作のパネルシアター『イグアナレストラン』(クレヨンハウス)でした。物語のおもしろさだけでなく、その世界が目の前でくるくる動く展開の軽快さ、耳に刻まれるおしゃれなメロディーの衝撃！　すっかり魅了されてしまいました。また、ケロポンズ作の『ヤダットちゃん』(カエルちゃんオフィス)では2人の絶妙なやりとりと間合い、何度見ても同じところで笑えてしまうやみつき感がたまりません。

　シアターは絵本や紙芝居と同じように、その物語の世界に子どもも大人もどっぷりと浸かることができます。そして、演じる人の声色や動き、雰囲気、受け取る人たちとのやりとりや空気感で、さまざまにその世界がつくり出されます。その世界はそのときだけのもの。同じ瞬間は二度と生まれない、ワクワク感やドキドキ感がわたしたちは大好きなのです。

　シアターに「こうでなくてはいけない！」ということはなにもありません。製作が苦手な人でも、身近にあるものを使って簡単に、ちょこっとの工夫と、なにかおもしろいことが起きそう、という雰囲気があれば大丈夫。子どもたちはその豊かな想像力で、十分に楽しんでくれます。

　そんな大好きなシアターの世界で、敬愛するケロポンズと一緒に出演できる機会をいただけたことに、感謝の気持ちでいっぱいです。この本を手に取ってくださったみなさんが、十人十色に物語を変化させ、たっぷり楽しんでいただけたらうれしいです。

もくじ

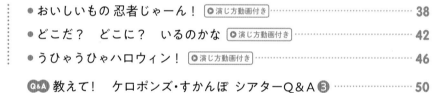

本書の特長

❶ カラーデータがダウンロードできる!

本書には、絵人形などのカラーデータがダウンロードできるサービスを付けています。
カラーデータがあれば着色の手間が省け、時短での作成が可能に!

⬇ ダウンロードの手順

1. チャイルド本社 HP のダウンロードサービスにアクセス!

『チャイルド本社　ダウンロードサービス』で検索するか、
『https://www.childbook.co.jp/download/keropons/』を入力。
「ケロポンズ・すかんぽの 行事&誕生会シアター　ダウンロードページ」にアクセスします。

2. それぞれの作品のパスワードを入力すると、ダウンロードができます。

作品名	演じ方ページ	パスワード
ワクワク ドキドキ にこにこえん	P.8～11	nikonikoen
ピョコピョコ ピョコッと	P.12～13	pyokopyoko
パクパクパックン こいのぼり	P.14～17	pakupaku
ぼんぼりやーじゅ! ひな祭りのまさっかショー!	P.18～21	masakka
おばけかと思ったら……	P.24～25	obake
ねがいごとやのパンちゃん	P.26～29	negaigoto
みーるみる	P.30～33	mirumiru
ぱにゃぱにゃ	P.34～35	panyapanya
おいしいもの 忍者じゃーん!	P.38～41	ninjya
どこだ？　どこに？　いるのかな	P.42～45	dokoda
うひゃうひゃハロウィン!	P.46～49	uhyauhya
クリスマスといえば	P.52～55	kurisumasu
干支とうたおう	P.56～59	etoto
おせっちさんとエビじいさん	P.60～63	ebijiisan
おにのつの	P.64～67	oninotuno
キッチくんのお誕生会	P.70～73	kicchikun
ハピハピバースデイ ローソクくん	P.74～77	rousokukun
ピンポン誕生日	P.78～80	pinpon

＊スマートフォンやタブレットではダウンロードできません。

■ お願い

このダウンロードサービスは本書をご購読された方が、園や学校、図書館等にてシアターを演じるために作成することを目的としたものです。
このサービスを利用して製作したものを第三者に販売・頒布することはできません。また、園の広告やPR、パンフレット、ポスター、園バス、ウェブサイト(SNS等)にも使用できません。

フリマアプリ等での販売　　園の広告

ウェブサイト

❷ 演じ方動画が見られる!

タイトル横のQRコードから、ケロポンズ・すかんぽが実際に演じている動画を見ることができます。演じ方の参考にしてください。

＊全ての作品に動画は付いていません。
＊動画サービスは、予告なく終了することがあります。

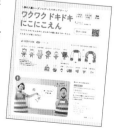

❸ セリフがわかる、シナリオ付き!

シアターを演じる際、見ながら使えるシナリオテキストを用意しました。セリフや演じ方を暗記しなくてもこれがあれば安心です。

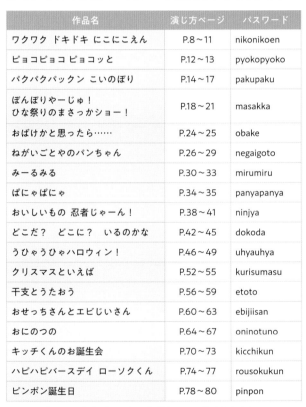

パネルシアターの作り方

絵人形

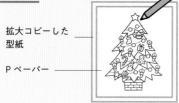

拡大コピーした型紙

Pペーパー

❶型紙をコピーしてPペーパーをのせ、鉛筆で写し取ります。

❷絵の具やポスターカラーなどで着色し、余白を切り取ります。

パネルボード（舞台）

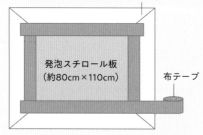

パネル布

発泡スチロール板
（約80cm×110cm）

布テープ

❶広げたパネル布の上に、発泡スチロール板を置きます。表面にしわがでないようにパネル布を引っ張って折り返し、布テープで固定します。

❷パネルボードはイーゼルにのせたり、大型積み木などに立てかけたりして固定します。

Pペーパーとパネル布について

・「Pペーパー」ってなに？

絵人形の製作に使用する不織布。「Pペーパー」などの名称で販売されています。

・「パネル布」ってなに？

パネルシアターで使うパネルボード（舞台）に貼る布を「パネル布」とよびます。毛羽立ちが大きいため、絵人形（Pペーパー）がくっつきやすい布です。

※「Pペーパー」や「パネル布」は保育用品業者や大型書店、またはインターネットなどで購入できます。

ポイント

少し傾斜をつけて固定すると、絵人形が落ちにくくなるので good！

ペープサートの作り方

画用紙

❶使用したい大きさに拡大した型紙を、画用紙にコピーして、絵の具やポスターカラーなどで着色します。余白を切りとります。

❷割り箸やストローなどを裏に貼って、持ち手をつけます。持ち手の割り箸はマスキングテープを巻くと扱いやすくなります。

※カラーデータのダウンロードサービスを利用される場合は、Pペーパーや画用紙にプリントして、同様に作ります。
（カラーデータのダウンロードサービスについては、P.5を参照ください。）

はる

spring

楽しいことがたくさん起こりそうな、期待いっぱいの春に
ぴったりの作品を集めました。
新しい環境にちょっぴりドキドキしている
子どもたちの緊張も、楽しいシアターで笑顔に！

ワクワク ドキドキ にこにこえん

パネル シアター	シナリオ P.82	型紙 P.104

案／ケロポンズ
シアターイラスト／中小路ムツヨ

▶ 演じ方動画

ワクワクドキドキしながら、はじめての園に向かうみーちゃん。
どんなことが起こるかな？

♠ 用意する物　材料 Pペーパー、糸　　　　※パネルシアターの作り方はP.6をご参照ください。

● みーちゃん　● うーちゃん　● かばえ先生　● わんちゃん　● ぴーちゃん　● ポスト　　● 門

Pペーパー

顔と体は糸留めをする
※他の動物も同様に作ります。

※糸留めをした動物の顔や体は、セリフや
うたに合わせて自由に動かします。

腕は糸留めをする

にゅうえん おめでとう 〈表〉　　にゅうえん おめでとう 〈裏〉

● 家　　● ハチ　　● 花束　　● チューリップ　　● 四つ葉　　● 三つ葉　　● 桜の花びら

---

①

あードキドキ
するなあ

\ きょうから にこにこえん /

家とみーちゃんを出します。

保育者
「みーちゃんはきょうからにこにこえん」

みーちゃん
「あーどキドキするなあ」

みーちゃんを動かしながら「ワクワク
ドキドキ にこにこえん」(P.11)をうた
い、家を下げます。

♪うた
はじめてって　ワクワクー
だけど　ちょっぴり　ドキドキー
ワクワク　ドキドキ
ワクワク　ドキドキ
にこにこえん

（以下　♪うた ）

2

きょうからにこにこえんに行くの

チューリップとハチを出します。

ハチ
「みーちゃん、おはよう。
どこかにお出かけ？」

みーちゃん
「ハチさん、おはよう。
わたしきょうからにこにこえんに行くの。
でもはじめてだからドキドキなんだ」

3

安心の
お守りだよ

ハチさん
ありがとう

チューリップを下げ花束を出し、
みーちゃんに渡します。

ハチ
「そうかあ。
じゃあ、この花束を持って行くといいよ。
安心のお守りだよ」

みーちゃん
「わあ、ハチさんどうもありがとう。
いってきまーす！」

ハチ
「いってらっしゃーい！」

みーちゃんを動かしながら ♪うた をうたい、ハチを
下げます。

4

お出かけかい？

ポストと三つ葉、四つ葉を出します。

ポスト
「みーちゃん、おはよう。お出かけかい？」

みーちゃん
「ポストさん、おはよう。
わたしきょうからにこにこえんで
ドキドキしているんだ」

5

四つ葉をみーちゃんに渡します。

（ポスト）
「そうかい、そうかい。
じゃあ、お守りにこの四つ葉を持って行く
といいよ」

（みーちゃん）
「ポストさん、どうもありがとう。
いってきまーす！」

みーちゃんを動かしながら ♪うた をうたい、
ポストと三つ葉を下げます。

6

うーちゃんと桜の花びらを出します。

（みーちゃん）
「うーちゃん、おはよう」

（うーちゃん）
「みーちゃん、おはよう。ぼく、はじめての
にこにこえんでドキドキしていたら桜さんが
花びらをお守りにってくれたんだよ」

（みーちゃん）
「わあ、きれい！　わたしもハチさんと
ポストさんから花束と四つ葉をもらった
の。じゃあ、いっしょに行こう！」

みーちゃん、うーちゃんを動かしながら
♪うた をうたいます。

7

かばえ先生と門〈表〉を出します。

（かばえ先生）
「おはようー！　待ってたわよー！
はじめまして。わたし“かばえ”って言います。
2人に会うまでドキドキしてたの」

（みーちゃん・うーちゃん）
「えぇ?!　先生もドキドキするの？」

（かばえ先生）
「そうなのよ。でも2人の顔を見たら
ドキドキはどっかにいっちゃった！」

8

「2人も手伝って
くれる?」

かばえ先生
「あら、すてきな花束に四つ葉、
それに桜の花びらね」

うーちゃん
「うん! 元気が出るお守りなんだよ!」

かばえ先生
「じゃあ、この門に飾ってみんなをお迎えするの
はどうかしら? 2人も手伝ってくれる?」

みーちゃん・うーちゃん 「いいよ!」

門を飾りつけるように、花束や、みーちゃん、
うーちゃん、かばえ先生を動かし、門を裏返し
ます。花束、四つ葉、桜の花びらを下げます。

みーちゃん 「見て〜、できたよ〜!」

9 ＼きょうからどうぞよろしくね／

♪ワクワク
ドキドキ ♪にこにこえん

わんちゃんとぴーちゃんを出します。

わんちゃん・ぴーちゃん
「おはよう。わあ! きれいな門」

かばえ先生
「あら、わんちゃん、ぴーちゃん、おはよう。
みんな、きょうからどうぞよろしくね」

全員
「はーい!」

♪うた をうたいます。

おしまい

♪ **ワクワク ドキドキ にこにこえん**　　　作詞／平田明子　作曲／増田裕子

C　　　　　　F　　　　　　　G　　　　　　C

は じ めてっ て　ワ ク ワ クー だけ ど ちょっ ぴ り ド キ ド キー

F　　　　　C　　　　　　G7　　　　　C

ワ ク ワ ク ド キ ド キ ワ ク ワ ク ド キ ド キ に こ に こ えん

\ ぽかぽかの春、野原がどんどんにぎやかに！ /

ピョコピョコ
ピョコッと

| ペープサート | シナリオ P.83 | 型紙 P.106 |

案／ケロポンズ
シアターイラスト／冬野いちこ
作り方イラスト／速水えり

▶ 演じ方動画

春の野原にピョコッと飛び出して来たのはだれ？
生き物カードをたくさん作って、ヒントも活用してみましょう。

🔺 用意する物　材料 厚紙、竹ぐし

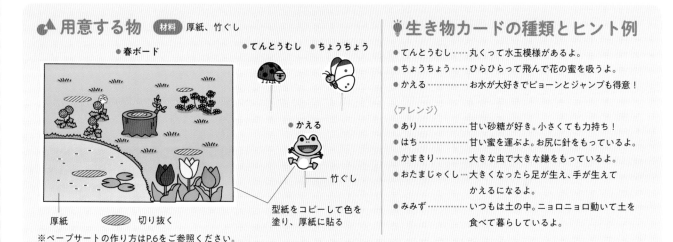

●春ボード

●てんとうむし　●ちょうちょう

●かえる

竹ぐし

厚紙　　⬭ 切り抜く

型紙をコピーして色を
塗り、厚紙に貼る

※ペープサートの作り方はP.6をご参照ください。

💡 生き物カードの種類とヒント例

- てんとうむし……丸くって水玉模様があるよ。
- ちょうちょう……ひらひらって飛んで花の蜜を吸うよ。
- かえる……………お水が大好きでピョーンとジャンプも得意！

〈アレンジ〉

- あり………………甘い砂糖が好き。小さくても力持ち！
- はち………………甘い蜜を運ぶよ。お尻に針をもっているよ。
- かまきり…………大きな虫で大きな鎌をもっているよ。
- おたまじゃくし…大きくなったら足が生え、手が生えて
　　　　　　　　　　かえるになるよ。
- みみず……………いつもは土の中。ニョロニョロ動いて土を
　　　　　　　　　　食べて暮らしているよ。

---

1 春ボードを出します。

保育者

「春の野原は、みんな大忙し！　あれ？　なにか動いているよ」

てんとうむしを穴から少し出し入れしながら、「ピョコピョコピョコッと」
（P.13）をうたいます。

なにか動いて
\ いるよ /

♪うた
ピョコピョコピョコッと
ピョコピョコピョコッと
どこかな　なにかな
どこかな　なにかな？

2

てんとう
むしです

子どもたちの答えを聞いて、
てんとうむしを全部出します。

♪うた
ピョコ！　てんとうむしです

3

ちょーう
ちょうです

❶・❷と同様に繰り返して、ちょうちょうを出します。

♪うた
ピョコ！　ちょーうちょうです

4

かえる
ですー

❶・❷と同様に繰り返して、かえるを出します。

♪うた
ピョコ！　かえるですー

5

保育者

「春はみんなうれしそうだね！」

おしまい

春はみんな
うれしそう
だね！

♪ **ピョコピョコピョコッと**

作詞／平田明子　作曲／増田裕子

C

ピョ　コ　ピョ　コ　ピョ　コッ　　と　　ピョ　コ　ピョ　コ　ピョ　コッ　　と　　ど　こ　か　な　な　に　か　な

G

G

どこかななにかな？　ピョコ！

G

C

てん　とう　む　し　です
ちょ　ー　う　ちょう　です
ちょ　か　え　る　で　すー

パクパクパックンこいのぼり

封筒
シアター

シナリオ
P.84

型紙
P.107

案／ケロポンズ
シアターイラスト／あさいかなえ
作り方イラスト／速水えり

▶ 演じ方動画

すいすい空を泳ぐ、こいのぼりのパックンが見つけたのは、不思議な形の雲……？　ページをめくるようにして色を変える、扱いやすいしかけです。

◆ 用意する物

●パックン

●いちご雲　　●バナナ雲　　●もも雲　　●メロン雲

✂ 作り方

材料 画用紙、封筒、折り紙

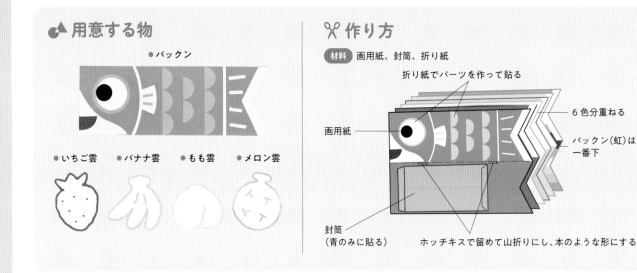

折り紙でパーツを作って貼る

画用紙

6色分重ねる

パックン（虹）は一番下

封筒
（青のみに貼る）

ホッチキスで留めて山折りにし、本のような形にする

---

①

これ、なんだっけ？

変な形の雲がきた

パックンといちご雲を出します。

パックン
「ぼくはこいのぼりのパックン。
空をぐんぐん飛んでいくよ。
あれれ？　変な形の雲がきた。
なんか見たことあるな。
これ、なんだっけ？」

子どもたちとやりとりをします。

パックン
「えっ、いちご？
よし、パクッと食べてみるよ」

②

「パクパクパックンこいのぼり」(P.17)をうたいます。

> ♪うた
>
> ふわ　ふわ　ふわ　ふわ
> このくも　たべてみよう
> パクパク　パックン

パックンの裏の封筒に、いちご雲を入れます。

> ♪うた
>
> 「すっぱーい」

裏 ←

③

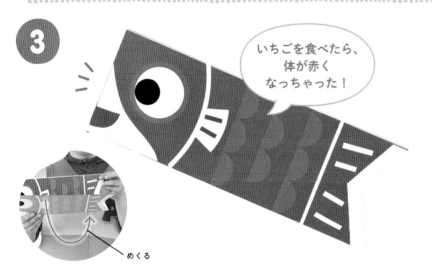

いちごを食べたら、
体が赤く
なっちゃった！

めくる

パックンをめくって赤を出し、うたいます。

> ♪うた
>
> あーかい　こいのぼりに　なっちゃった

パックン

「あれれ？　いちごを食べたら、
体が赤くなっちゃった！」

④

♪きいろい　こいのぼりに
　　　　　なっちゃった

えっ、バナナ？
大好物だよ！

バナナ雲を出して、❶・❷のように子どもたちと
やりとりをし、繰り返してから、パックンをめくります。

パックン

「また変な形の雲がきたぞ。これは……
そうだ、バナナ！　大好物だよ！
パクッと食べてみるよ」

> ♪うた
>
> ふわ　ふわ　ふわ　ふわ
> このくも　たべてみよう
> パクパク　パックン　「あまーい」
> きいろい　こいのぼりに　なっちゃった

パックン

「今度は黄色になったよ！」

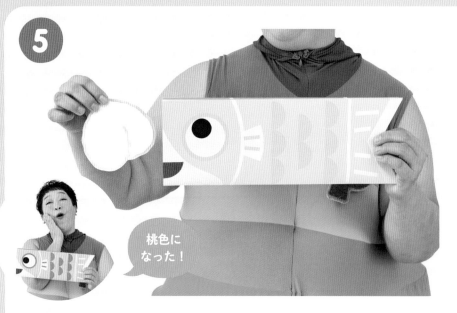

5

もも雲を出して、❶・❷ のように子どもたちと
やりとりをし、繰り返してから、パックンをめくります。

> パックン

「これはなんだ？　みんなわかる？
ももかな？　よーし、食べてみよう」

> ♪うた
>
> ふわ　ふわ　ふわ　ふわ
> このくも　たべてみよう
> パクパク　パックン　「ちゅるんととろける」
> ももいろ　こいのぼりに　なっちゃった

> パックン

「本当だ！　ももを食べたら、
桃色になったよ！」

桃色に
なった！

6

メロン雲を出して、❶・❷ のように子どもたちと
やりとりをし、繰り返してから、パックンをめくります。

> パックン

「今度はなんだ？　えっ、すいか？　メロ
ン？　どっちかな？　よし、食べるぞー」

> ♪うた
>
> ふわ　ふわ　ふわ　ふわ
> このくも　たべてみよう
> パクパク　パックン　「おいしい」
> みどりの　こいのぼりに　なっちゃった

> パックン

「わあい、メロンだったー。おいしかったな
あ！　体も緑色になったよー！」

すいか？
メロン？

体も緑色に
なったよー！

7

パックンをゆっくりめくり、虹色を出します。

> パックン

「おいしい雲を食べて、
いろいろな色のこいのぼりに
変身していたら……なんだか……。
あ！　虹色こいのぼりになっちゃった！」

虹色こいのぼりに
なっちゃった！

8

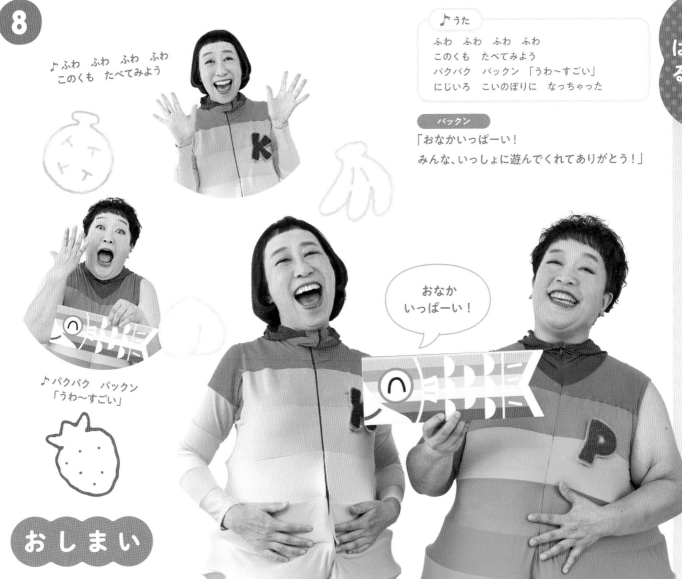

♪ふわ ふわ ふわ ふわ
このくも たべてみよう

♪うた
ふわ ふわ ふわ ふわ
このくも たべてみよう
パクパク パックン 「うわ～すごい」
にじいろ こいのぼりに なっちゃった

パックン
「おなかいっぱーい！
みんな、いっしょに遊んでくれてありがとう！」

♪パクパク パックン
「うわ～すごい」

おなか いっぱーい！

おしまい

♪ パクパクパックンこいのぼり

作詞／平田明子　作曲／増田裕子

ふ わふ わふ わふ わ　このくもた べてみ よう　パク パク パッ クン

「すっぱーい」
「あまーい」
「ちゅるんととろける」
「おいしい」
「うわ～すごい」

あきもみに
ーいももどじ
かろいりい
いいろのろ

こいのぼり に なっ ちゃっ た

ぼんぼりやーじゅ！
ひな祭りの
まさっかショー！

| からくり
キューブ | シナリオ
P.85 | 型紙
P.108 |

案／すかんぽ
シアターイラスト／まーぶる
作り方イラスト／松山絢菜

▶ 演じ方動画

紙パックで作ったからくりキューブで、不思議な

ぼんぼりやーじゅといっしょにひな祭りの旅に出かけよう！

🎨 用意する物

● からくりキューブ
動かすと絵柄が変わる不思議なキューブ。

A面（ぼんぼり）

B面（ひし餅）　C面（三人官女）

D面（五人囃子の3人）

D-2面（五人囃子の2人）

E面（おひなさま）

● カード

画用紙

※カードを不織布に貼るときは、輪にしたセロハンテープを使って貼ります。

✂ 作り方　材料 飲料の紙パック（16本）、OPPテープ、画用紙

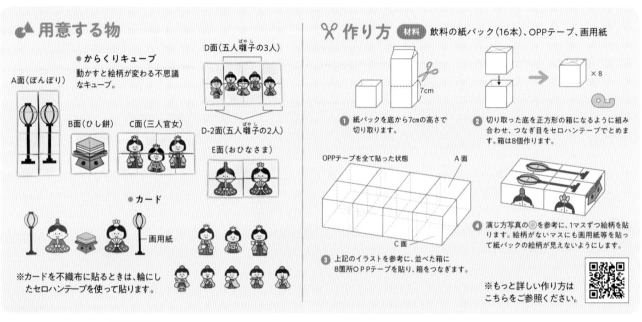

❶ 紙パックを底から7cmの高さで切り取ります。

❷ 切り取った底を正方形の箱になるように組み合わせ、つなぎ目をセロハンテープでとめます。箱は8個作ります。

OPPテープを全て貼った状態　A面

C面

❸ 上記のイラストを参考に、並べた箱に8箇所OPPテープを貼り、箱をつなぎます。

❹ 演じ方写真の◎を参考に、1マスずつ絵柄を貼ります。絵柄がないマスにも画用紙等を貼って紙パックの絵柄が見えないようにします。

※もっと詳しい作り方はこちらをご参照ください。

❶

きょうは、まさっかショーのひな祭りバージョンをお届けします

まさっかショーだって

ぼんぼりやーじゅ

観客

壁に赤色の不織布を貼り、からくりキューブの無地の面を出して登場します。

ぼんぼりやーじゅ 「みなさんこんにちは。ぼんぼりやーじゅのまさっかショーへようこそ。きょうは、まさっかショーのひな祭りバージョンをお届けします」

観客 「まさっかショーだって。おもしろそう！」

「ひな祭りのまさっかショー」（P.21）をうたい、うたに合わせてからくりキューブを回転させて、A面（ぼんぼり）を出します。

♪うた

ひなまーっ　まっまっまっ！　まさか！　ひなまーっ　まっまっまっ！
まさか！　ひなまーつりの　まさか！　ぼんぼりやーじゅの　まさっかショー！

（以下　♪うた　）

2 ※A面（ぼんぼり）

ぼんぼりでした

ぼんぼりやーじゅ 「はい！ できました！ はてさて、これはなーんだ！」
観客 「ぼんぼりー！」
ぼんぼりやーじゅ 「はい！ まさっかショー！
こちら、ぼんぼりでした」

カードのぼんぼりを出し、後ろの不織布に貼ります。

3

ほんのりとした明るさで……

ぼんぼりやーじゅ
「これがほんのりとした明るさで、あの人たちに大人気なんです。
ちなみにほんのり、ほんのり、ほんのり、
ぼんぼりと言葉が変わっていったともいわれている。
ひみつだじょ！ よし！ 次いってみよう〜」

---

4 ※B面（ひし餅）

ひし餅ー！

♪うた をうたいながら、からくりキューブを回転させて、B面（ひし餅）を出します。

ぼんぼりやーじゅ 「はい！ できました！
はてさて、これはなーんだ！」
観客 「ひし餅ー！」
ぼんぼりやーじゅ 「はい！ まさっかショー！
こちら、ひし餅でした」

カードのひし餅を出し、後ろの不織布に貼ります。

ぼんぼりやーじゅ 「このお餅はなんで3つの色か知っているかい？ 桃色は魔よけ、白色は健康、緑色は厄よけともいわれている。ひみつだじょ！ よし！ 次いってみよう〜」

5

三人官女！

♪うた をうたいながら、からくりキューブを回転させて、C面（三人官女）を出します。

ぼんぼりやーじゅ
「はい！ できました！ はてさて、これはだーれだ！」
観客 「三人官女！」
ぼんぼりやーじゅ
「はい！ まさっかショー！ こちら、三人官女でした」

カードの三人官女を出し、後ろの不織布に貼ります。

ぼんぼりやーじゅ
「この人たちは、あの人たちのお世話係。
優秀な人たちらしいよ。
ひみつだじょ！ よし！ 次いってみよう〜」

※C面（三人官女）

6

※ D面（五人囃子の3人）

わかんなーい！

もう一度！

♪うた をうたいながら、からくりキューブを
回転させて、D面（五人囃子の3人）を出します。

〔ぼんぼりやーじゅ〕
「はい！　できました！
はてさて、これはだーれだ！」

〔観客〕
「わかんなーい！」

〔ぼんぼりやーじゅ〕
「はい！　まさっかショー！
こちらは五人囃子の笛に……、
あれ？　3人しかいない。5人いないと、
お祝いの音色にならないよ。
困った、困った。では、もう一度！」

7

※ D-2面（五人囃子の2人）

五人囃子
そろいました！

♪うた をうたいながら、からくりキューブを回
転させて、D-2面（五人囃子の2人）を出します。

〔ぼんぼりやーじゅ〕
「はい！　できました！
はてさて、これはだーれだ！」

〔観客〕
「五人囃子！」

〔ぼんぼりやーじゅ〕
「はい！　まさっかショー！
1・2・3・4・5　五人囃子そろいました！」

カードの五人囃子を出し、後ろの不織布に貼り
ます。

8

音が出る場所が口から
遠い順に左から並ぶんだ

〔ぼんぼりやーじゅ〕
「音が出る場所が口から遠い順に
左から並ぶんだ。
太鼓・大鼓・小鼓・笛・うた。
ちなみにバチを持った太鼓の人が
リーダーらしい。ひみつだじょ！
よし！　次いってみよう〜」

9

おひなさま!

※ E面(おひなさま)

この人たちは
だ〜れだ!

♪うた をうたいながら、からくりキューブを
裏返して、E面を出します。

ぼんぼりやーじゅ
「はい! できました!
はてさて、この人たちはだ〜れだ!」

観客
「おひなさま!」

ぼんぼりやーじゅ
「はい! まさっかショー!
こちら今回の主役、おびなとめびな」

カードのおひなさまを出し、後ろの不織布に
貼ります。

10

♪ぼんぼりやーじゅの
まさっかショー!

きょうのことは、
全部ひみつだじょ〜!

ぼんぼりやーじゅ
「このおびなとめびな、2人のことを
合わせて、おだいりさまというらしい。
ひみつだじょ!
きょうのことは、全部ひみつだじょ〜!」

♪うた をうたいながら、からくりキューブを回
転させてA〜E面(すべての面)を見せます。

おしまい

♪ **ひな祭りのまさっかショー**

作詞／川崎ちさと　作曲／入江浩子

ひな ま 〜っまっまっ まっ! まさか! ひな ま 〜っまっまっ まっ! まさか! ひな

ま 〜つりの まさか! ぼんぼりやーじゅの まさっかショー 〜!

\教えて！ ケロポンズ・すかんぽ/
シアターQ&A[1]

Q クラスのなかで演じるとき、行事など大人数の前で演じるとき、作品選びのポイントは？

A クラスのなかでは子どもの好みを、行事では盛り上がりそうな作品を

クラスで演じるときは、そのときのクラスのブームを取り入れたり、ときには一人の子の好みを取り入れたり、ということがあってもいいと思います。「今日のシアターは、虫に詳しいAくんのためのようなシアターだよ」なんて前置きで始まる日があってもいいですよね。

行事など大人数の前で演じるときは、みんなが声を出したりうたったりできるなど、盛り上がりそうな作品がおすすめです。絵人形が細かいものや複雑すぎるものは大勢だと見えにくいことあるので気をつけましょうね。（ケロポンズ）

Q 子どもの年齢によって、シアターの内容は変えた方がいいの？

A 内容は変えないけど、言い回しは年齢に応じて

子どもは話の内容だけでなく、動きやうたも楽しんでくれるので、これは赤ちゃん用に、など特に区別することなく演じています。ただ、同じ作品でも言い回しなどは、年齢に応じてわかりやすく変化はさせていることはあります。また、年長さんだったらちょっと頭を使うようなことも楽しめるようになるので、なぞなぞ要素を追加してもいいかもしれませんね。（ケロポンズ・すかんぽ）

Q シアターを演じるとき、楽器を演奏した方がいいの？

A 楽器の演奏はなくても大丈夫！

もし、楽器の演奏が得意な同僚がいれば、シアターに参加してもらうと、より盛り上がると思います。でも、楽器の演奏がなくても、シアターは楽しく演じることも見ることもできるので、必須ではありません。シアターをみんなで楽しみたい、という気持ちを大切にしてほしいです。（ケロポンズ・すかんぽ）

なつ
summer

七夕、水遊び、夏野菜、花火におばけも?!
夏のワクワクをユーモアも交えて作品に盛り込みました！
季節の楽しみをシアターを通しても
味わってください。

\ 夏の暑さも吹き飛ぶ!? おばけが登場！/

おばけかと
思ったら……

| スケッチ ブック シアター | シナリオ P.86 | 型紙 P.109 |

案／ケロポンズ
シアターイラスト／あさいかなえ

おばけかな？ 誰かな？ ページをめくるドキドキ感が
楽しい、スケッチブックシアターです。

🎵 用意する物 　材料 スケッチブック

 ●1ページ目 ●2ページ目 ●3ページ目 ●4ページ目

スケッチブック

 ●5ページ目 ●6ページ目 ●7ページ目 ●8ページ目

 ●9ページ目 ●10ページ目 ●11ページ目

1 スケッチブックの1ページ目を出します。

保育者
「ふわふわってやって来たこの子は……。
おばけかと思ったら……」

> おばけかと思ったら……

2

> うさぎ でした〜

> うさぎか〜

スケッチブックの2ページ目を出します。

保育者 「うさぎでした〜」

3

スケッチブックの
3ページ目を出します。

保育者
「おばけかと思ったら……」

> あひるか〜

スケッチブックの
4ページ目を出します。

保育者
「あひるでした！」

4

5ページ目を出します。

保育者

「おばけかと思ったら……」

6ページ目を出します。

保育者

「りすの親子でした！」

かわいい〜

5

7ページ目を出します。

保育者

「おばけかと思ったら……」

あれ？

8ページ目を出します。

保育者

「思ったら……。
あれ？」

ひょっと
して…？

9ページ目を出します。

保育者

「思ったら……。もしかして……？
ひょっとして……？」

6

10ページ目を出します。

保育者

「本当のおばけだ〜！
ばぁ〜！」

\ おばけだ〜！/

7

11ページ目を出します。

保育者

「パッ！　あ！　消えちゃった」

おしまい

あら〜

うひゃ〜

ねがいごとやの パンちゃん

案／ケロポンズ
シアターイラスト／コダイラヒロミ

パネル シアター	シナリオ P.87	型紙 P.110

▶ 演じ方動画

パンちゃんは、みんなのねがいをかなえる"ねがいごとやさん"。

きょうは、どんなお客さんがやって来るのかな？

♠ 用意する物　材料 Ｐペーパー、パネル布

※パネルシアターの作り方はP.6をご参照ください。

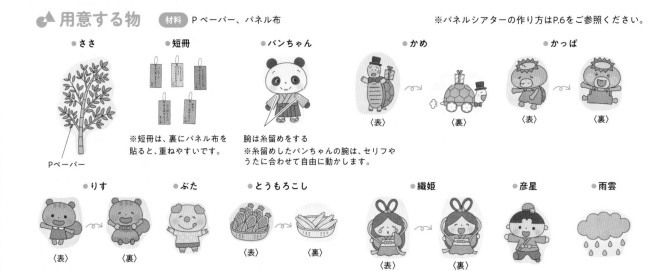

●ささ
Pペーパー

●短冊
※短冊は、裏にパネル布を貼ると、重ねやすいです。

●パンちゃん
腕は糸留めをする
※糸留めしたパンちゃんの腕は、セリフやうたに合わせて自由に動かします。

●かめ 〈表〉 〈裏〉

●かっぱ 〈表〉 〈裏〉

●りす 〈表〉 〈裏〉

●ぶた

●とうもろこし 〈表〉 〈裏〉

●織姫 〈表〉 〈裏〉

●彦星

●雨雲

---

❶ みんなが来るのを待っています

いらっしゃい！

ささとパンちゃんを出します。

保育者 「きょうは七夕。
ねがいごとやのパンちゃんは、みんなが来るのを待っています」

パンちゃん 「いらっしゃい！　いらっしゃい！　なんでもねがいごとをかなえる、ねがいごとやですよー！」

「ねがいごとやのパンちゃん」(P.29)をうたいます。

♪うた
きょうは　たなばた　ねがいごとを
かなえましょう
それ！　パンパンパンの　パンパパーン

（以下 ♪うた ）

②

すてきなドレスを
着てみたいんだけど、
かなうかしら？

もちろんだよ！

りす〈表〉に短冊を持たせて出します。

りす

「パンちゃーん！
わたし、一度でいいからすてきなドレスを着てみたいんだけど、かなうかしら？」

パンちゃん

「もちろんだよ！」

りすの短冊をささに貼り、♪うた をうたいます。

③

パンちゃん、
ありがとう！

りすを裏返します。

りす

「わあ、すてきなドレス！
パンちゃん、ありがとう！」

りすを下げます。

④

とうもろこしを
食べたいんだけど、
かなうかしら？

任せて！

ぶたに短冊を持たせて出します。

ぶた

「パンちゃーん！　わたし、今おなかがぺこぺこなの。おなかいっぱいとうもろこしを食べたいんだけど、かなうかしら？」

パンちゃん

「任せて！」

ぶたの短冊をささに貼り、♪うた をうたいます。

5

> わあ、こんなに
> たくさん！

> おなか
> いっぱい！

パンちゃん　「ドーン！」

とうもろこし〈表〉を出します。

ぶた　「わあ、こんなにたくさん！　いただきまーす！」

とうもろこしを食べるようにぶたを動かしたら、とうもろこしを裏返します。

ぶた　「ん～！　おなかいっぱい、ありがとう！」

ぶたととうもろこしを下げます。

6

> パーティーに行くの
> に、寝坊しちゃった

かめ〈表〉に短冊を持たせて出します。

かめ

「ぼく、きょうは友達の誕生日パーティーに
行くのに、寝坊しちゃった。間に合うかな？」

パンちゃん　「任せて！　間に合わせるよ」

かめの短冊をささに貼り、♪うた をうたいます。

7

> 車に変身だ！

かめを裏返します。

かめ

「わあ、車に変身だ！
これなら間に合いそう。
ありがとう、いってきまーす！」

かめを走るようにすばやく下げます。

8

> お皿が乾いて
> 苦しいんです……

かっぱ〈表〉に短冊を持たせて出します。

かっぱ　「ああ、お皿が……お皿が乾く……」

パンちゃん　「あ、かっぱさん、大丈夫ですか？」

かっぱ　「雨が降らないから、
お皿が乾いて苦しいんです……。雨を降らせてください」

パンちゃん　「わかった！　急いで降らせるよ」

かっぱの短冊をささに貼り、♪うた をうたいます。

9

> 元気が出たよ

パンちゃん　「ザー！」

雨雲を出したあと、かっぱを裏返します。

かっぱ　「シャキーン！　わあ、雨だ、雨だ！
元気が出たよ。パンちゃん、どうもありがとう！」

雨雲を残して、かっぱを下げます。

⑩

織姫〈表〉に短冊を持たせて出します。

織姫 「ああ……また雨だなんて。しくしく……」

パンちゃん 「どうしました？」

織姫 「去年の七夕も雨で、彦星様に会うことができなかったんです。今年も雨では、また会えなくなってしまいます……。彦星様に会いたいんです」

パンちゃん 「大丈夫！ぼくに任せてください！」

織姫の短冊をささに貼り、♪うた をうたいます。

⑪

雨雲を下げて彦星を出し、織姫を裏返します。

彦星 「織姫様、やっと会えましたね！」

織姫 「ああ、彦星様、お会いできてうれしいです！」

パンちゃん 「みなさんのねがいごとがかなってよかった、よかった。みんなのねがいごとはなにかな？」

♪うた をうたいます。

おしまい

♪ **ねがいごとやのパンちゃん** 　　　　作詞／増田裕子　作曲／平田明子

海の生き物がこんなところに！　なにが見えるかな？

みーるみる

夏のある日、しーくんのコップの中に現れたものは?!
子どもとのやりとりを楽しめる作品です。

カード シアター	シナリオ P.88	型紙 P.112

案／すかんぽ
シアターイラスト／みさきゆい
作り方イラスト／松山絢菜

▶ 演じ方動画

🐚 用意する物

●コップ　　●さかな(2枚に切る)　　●金魚鉢　　●ふぐ(4枚に切る)

●かめ(4枚に切る)　　●水たまり　　●たこ(4枚に切る)

●水カード

※カードを不織布に貼るときは、輪にした
セロハンテープを使って貼ります。

●水中メガネ　　●しーくんの名札

しーくん

✂ 作り方　　材料　工作用紙、クリアファイル

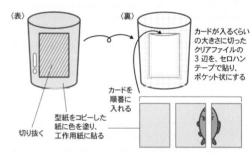

〈表〉　　〈裏〉

切り抜く

型紙をコピーした
紙に色を塗り、
工作用紙に貼る

カードが入るくらい
の大きさに切った
クリアファイルの
3辺を、セロハン
テープで貼り、
ポケット状にする

カードを
順番に
入れる

※金魚鉢、水たまりも同様に作ります。

型紙をコピーした紙に
色を塗り、工作用紙に貼る

〈表〉　　〈裏〉

切り抜く

切ってクリアファ
イルをセロハン
テープで貼る

①

コップのなかになにか
見えた気がする

♪みーるみるみる
なにみえる

しーくん

壁に青色の不織布を貼っておき、しーくんの
名札を着けて登場します。

しーくん

「こんにちは、ぼくしーくん。あーなんだか
喉がかわいたな。よし、お水でも飲もう」

コップを出します。

しーくん　「あれ？　今、コップの中
になにか見えた気がする。なんだろう」

「みーるみる」(P.33)をうたいます。

♪うた

みーるみるみる　なにみえる
みーるみるみる　なにみえる

（以下　♪うた　）

②

なんだろう？

コップの水カードを抜き、ポケットの一番後ろに入れます。

〈1枚目〉

> しーくん

「あれ、これはなんだろう？」

子どもたちに言葉をかけたあと、さかなカードの1枚目を抜き、後ろの不織布に貼ります。

〈2枚目〉

> しーくん

「今度は丸い点が見えるね」

子どもたちに言葉をかけたあと、さかなカードの2枚目を抜き、後ろの不織布に貼ります。

③

みんなはもう
わかったよね！

さかな！

コップを下げ、2枚のさかなカードを後ろの不織布の上で組み合わせます。

> しーくん

「これはもしかして……
みんなはもうわかったよね！
さかながいたとはびっくり！」

④

金魚鉢だ！

なにがいるのか、
のぞいてみよう

金魚鉢を出します。

> しーくん

「あれ、今度はこの中にもなにか見えるよ。
なにがいるのか、のぞいてみよう」

♪うた をうたいます。

5

金魚鉢の水カードを抜き、ポケットの一番後ろに入れます。それぞれの
ふぐカードを出し、②と同様に順番に後ろの不織布に貼っていきます。

〈1枚目〉

しーくん　「なにかトゲトゲが見えるね」

〈2枚目〉

しーくん　「ここにも、"つの"みたいなものが！」

〈3枚目〉

しーくん　「ここにもいっぱいトゲトゲだ！」

〈4枚目〉

しーくん　「これは目かな？」

6

金魚鉢を下げ、4枚のふぐカードを後ろの不織布の上で組み合わ
せ、子どもたちに問いかけます。

しーくん　「これはなんだと思う？　そう！　ふぐ！」

（※アレンジで、かめカードも用意しています）

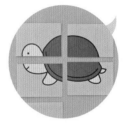

7

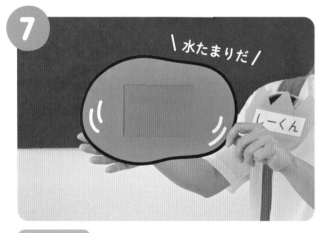

しーくん

「なんだかきょうは不思議な日だな。ちょっと外に行ってみよう」
水たまりを出します。

しーくん

「あれ、水たまりからなにか見えた気がする！
もしかして水たまりのなかにもなにかいるのかな？
よーし見てみよう」

♪うた　をうたいます。

8

水たまりの水カードを抜き、ポケットの一番後ろに入れます。それぞれ
のたこカードを出し、②と同様に順番に後ろの不織布に貼っていきます。

〈1枚目〉

しーくん　「まっかだね」

〈2枚目〉

しーくん　「棒かな？」

〈3枚目〉

しーくん　「てんてんがあるね」

〈4枚目〉

しーくん　「もしかして、これは……」

水たまりを下げ、
4枚のたこカードを後ろの不織布の上で組み合わせ、
子どもたちに問いかけます。

しーくん
「もうみんなわかったかな？
そうだね。たこ！」

♪うた をうたいます。

（吹き出し）たこ！

水中メガネを出します。

しーくん
「あれ、こんなところに水中メガネだ！
これ1度着けてみたかったんだよね！
どれどれ……」

しーくん
「わぁ、このメガネをかけると海の中がきれい
に見えるよ！　これでまたいろんなものを見
てみよーっと！　いってきまーす！」

♪うた をうたいます。

おしまい

（吹き出し）見てみよー！

♪ みーるみる　　　　作詞／川崎ちさと　作曲／入江浩子

み ー る み る み る　なに み え る　　み ー る み る み る　なに み え る

\元気な夏野菜が登場する、カードシアター！/

ぱにゃぱにゃ

| カード
シアター | シナリオ
P.89 | 型紙
P.114 |

案／ケロポンズ
シアターイラスト／うちべ けい
作り方イラスト／みつき

「ぱにゃぱにゃ」は、ラオス語で「こんにちは」。

リズムにのって、きゅうりやトマトにこんにちは♪

いったい、なにになるのかな？

♠ 用意する物

●きゅうりへび　　　●トマトうさぎ　　　●とうもろこしわに

〈表〉　　　〈裏〉　　　〈表〉　　　〈裏〉　　　〈表〉　　　〈裏〉

●すいか花火

〈表〉　　　　　　　　　　　　　　　　〈裏〉

✂ 作り方　材料 画用紙

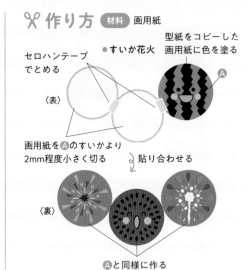

セロハンテープ
でとめる

〈表〉

●すいか花火

型紙をコピーした
画用紙に色を塗る

Ⓐ

画用紙をⒶのすいかより
2mm程度小さく切る

貼り合わせる

〈裏〉

Ⓐと同様に作る

1　きゅうりへび〈表〉を出し、「ぱにゃぱにゃ」（P.35）を
うたいます。

♪うた
きゅうり　ぱにゃぱにゃ
きゅうり　ぱにゃぱにゃ　なんになる？

保育者 「なにになると思う？
変身したら、『えーっ!!』って言ってね」

2

きゅうりへびー！

えーっ!!

きゅうりへびを裏返します。

保育者
「きゅうりへびー！」

3

♪トマト ぱにゃぱにゃ

＼え〜！

きゅうりへびを下げ、トマトうさぎ〈表〉を出し、うたいます。

♪うた

トマト　ぱにゃぱにゃ　トマト　ぱにゃぱにゃ　なんになる？

保育者 「なにになると思う？」

子どもたちとやりとりをしてから、トマトうさぎを裏返します。

保育者 「トマトうさぎ！」

4

♪とうもろこし わに！

＼え〜！

トマトうさぎを下げ、とうもろこしわに〈表〉を出し、うたいます。

保育者 「今度は、とうもろこし」

♪うた

とうもろこし　ぱにゃぱにゃ　とうもろこし　ぱにゃぱにゃ
なんになる？

子どもたちとやりとりをしてから、とうもろこしわにを裏返します。

保育者 「とうもろこしわに！」

5

♪すいか ぱにゃぱにゃ

保育者 「最後はすいか！」

とうもろこしわにを下げ、畳んだすいか花火〈表〉を出し、うたいます。

♪うた

すいか　ぱにゃぱにゃ　すいか　ぱにゃぱにゃ　なんになる？

子どもたちとやりとりをしてから、すいか花火を裏返して広げます。

6

すいか花火！

保育者 「すいか花火！
ヒュー、パーン！」

え〜！

おしまい

♪ ぱにゃぱにゃ

作詞／平田明子　作曲／増田裕子

きゅ う り　　　ぱにゃぱにゃ　　きゅ う り　　　ぱにゃぱにゃ　なん に な る？
ト　マト　　　　　　　　　　　　　　ト　マト
とうもろこし　　　　　　　　　　　とうもろこし
す　いか　　　　　　　　　　　　　す　いか

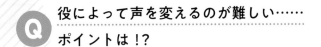

シアターQ&A²

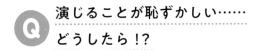

Q 役によって声を変えるのが難しい……
ポイントは!?

A 「ねこっぽく話してみる」
くらいでOK！

　声優さんではないので、声を変えることを意識しなくていいと思います。お話が始まれば子どもは声なんて気にせず集中して見てくれます。声を変えるというよりも「ねこっぽく話してみる」くらいでいいんじゃないかな。

　あとは、例えばくまが出るときは「ドン」と太鼓をたたくとか、キャラクターに合った効果音をつけるのもいいね。「おばけが出るよ（ヒュルル〜）」と笛を吹くとかね。わたしたちはウクレレや電子ピアノを弾きながら演じるけど、そういうことも試してみると雰囲気が変わりますよ。（ケロポンズ）

Q 演じることが恥ずかしい……
どうしたら!?

A 恥ずかしさより、演じる
楽しさを感じてほしいな！

　慣れもあると思います。恥ずかしいと思いながら演じていると、見ている人も恥ずかしくなる、と聞いたことがあります。ドキドキすることもあるかもしれませんが、子どもたちは楽しむ生き物ですから、演じているときは、ぜひいっしょに楽しんじゃいましょう！　恥ずかしい気持ちをもちながらも一生懸命演じている先生はすてきだな、とも思いますよ！（ケロポンズ）

Q セリフや演じ方を覚えられません。
どうしたら!?

A シナリオ通りじゃなくてもOK！

　一語一句シナリオどおりでなくても大丈夫！　暗記することよりも、楽しい雰囲気や演じやすさを大切に、子どもたちとのやりとりをしていくなかで、ストーリーをアレンジするのもいいと思います。すかんぽも覚えるのは苦手で、やりとりや雰囲気を楽しむこと重視でやっています！（すかんぽ）

あき
autumn

⋯⋯⋯⋯⋯⋯⋯⋯⋯⋯⋯⋯⋯⋯⋯⋯⋯⋯⋯⋯⋯⋯⋯⋯⋯⋯⋯⋯⋯⋯⋯

おいしい食べ物にきれいな月、にぎやかなハロウィンなど、

秋を満喫できる作品です。

クイズ形式の当てっこを楽しめる作品も！

子どもたちとのやりとりも楽しみながら演じてみてください♪

おいしいもの 忍者じゃーん！

パネル
シアター

シナリオ
P.90

型紙
P.115

案／ケロポンズ
シアターイラスト／中小路ムツヨ

▶ 演じ方動画

秋のおいしい食べ物って、なーんだ？　忍者たちは、
ねぎ師匠といっしょに、なにに変身するのかな？

🌀 用意する物　[材料] Pペーパー、パネル布　　　※パネルシアターの作り方はP.6をご参照ください。

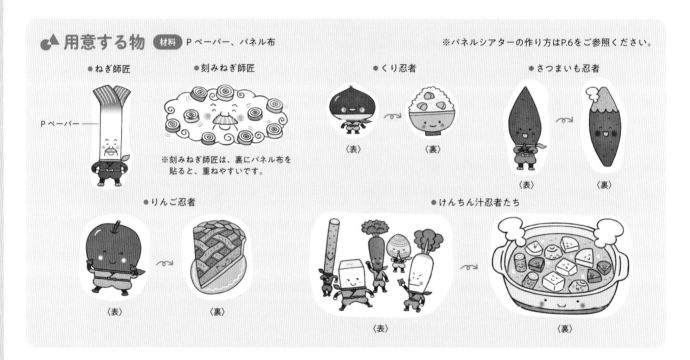

●ねぎ師匠

Pペーパー ──

●刻みねぎ師匠

※刻みねぎ師匠は、裏にパネル布を
貼ると、重ねやすいです。

●くり忍者

〈表〉　〈裏〉

●さつまいも忍者

〈表〉　〈裏〉

●りんご忍者

〈表〉　〈裏〉

●けんちん汁忍者たち

〈表〉　〈裏〉

---

①

おいしいものに
変身するぞ

ねぎ師匠を出します。

[ねぎ師匠]

「みなさん、こんにちは。
わたしは忍者のねぎ師匠。
きょうは秋の修業。おいしい
ものに変身するぞ。最初は
誰だ？　来い！」

2

♪にんにん　じゃじゃじゃーん
　にん　じゃじゃーん

くり忍者は
なにになる？

わたしは
あれです！

ほう

トゥ！

くり忍者〈表〉を出します。

> くり忍者　「はっ！　ねぎ師匠！」
> ねぎ師匠　「ほう。くり忍者はなにになる？」
> くり忍者　「はい！　わたしはあれです！」

「おいしいもの 忍者じゃーん！」(P.41)をうたい、
最後の「トゥ！」に合わせてくり忍者を裏返します。

> ♪うた
>
> にんにん　じゃじゃじゃーん　にん　じゃじゃーん
> おいしいものに　にんににーん
> にんにん　じゃじゃじゃーん　にん　じゃじゃーん
> へんしんするぞ　にんじゃじゃーん　トゥ！

（以下　♪うた　）

3

これは
うまそうだ

師匠の大好きな、
くりごはんに
変身しました！

> ねぎ師匠
>
> 「ほう、これはうまそうだ」
>
> くり忍者
>
> 「はい！　師匠の大好きな、
> くりごはんに変身しました！」
>
> ねぎ師匠
>
> 「すばらしい！　次！」

くり忍者を下げます。

4

さつまいも忍者、
期待しておるぞ

はい！

さつまいも忍者〈表〉を出します。

> さつまいも忍者　「はっ」
> ねぎ師匠　「ほう。さつまいも忍者、期待しておるぞ」
> さつまいも忍者　「はい！」

❷と同様に　♪うた　をうたい、最後の「トゥ！」に合わせてさつまいも
忍者を裏返します。

5

いい香りじゃ

> ねぎ師匠
>
> 「おう、いい香りじゃ。やはり、秋は焼きいもじゃのう。次！」

さつまいも忍者を下げます。

6

りんご忍者〈表〉を出します。

(りんご忍者)
「はっ」

(ねぎ師匠)
「りんご忍者か。
うーむ、なにに変身するのか……。
いってみよう」

(りんご忍者)
「はい！　わたしはあれです！」

❷と同様に ♪うた をうたい、
最後の「トゥ！」に合わせてりんご忍者を裏返します。

7

(ねぎ師匠)
「これはこれは、甘酸っぱいりんごの香りが
うまそうなアップルパイじゃ。
次が最後じゃ。来い！」

りんご忍者を下げます。

8

けんちん汁忍者たち〈表〉を出します。

(忍者たち)
「はっ！」

(ねぎ師匠)
「これは、ごぼう忍者、豆腐忍者ににんじん忍者、
さといも忍者にだいこん忍者。みんなでどうする？
これは見ものじゃ」

(忍者たち)
「はい！　わたしたちは、あれになります！」

❷と同様に ♪うた をうたい、
最後の「トゥ！」に合わせてけんちん汁忍者たちを
裏返します。

⑨

けんちん汁か！

トゥ！

ねぎ師匠

「これは見事、見事！ けんちん汁か！
おお、なにか足りないと思ったら、
これじゃな。変身するぞ」

❷と同様に ♪うた をうたい、
最後の「トゥ！」に合わせてねぎ師匠を下げ、
刻みねぎ師匠を出します。

⑩

秋はうまいものが
いっぱいじゃ

これにてドロン！

刻みねぎ師匠を、けんちん汁忍者たち
〈裏〉に重ねて貼ります。

刻みねぎ師匠

「これで完成じゃ。
秋はうまいものがいっぱいじゃ。
きょうの修業は、これにてドロン！」

おしまい

♪ **おいしいもの 忍者じゃーん！**

作詞／平田明子　作曲／増田裕子

にん　にん　じゃじゃじゃーん　にん　じゃじゃーん　おいしいものに　にん　ににーん

にん　にん　じゃじゃじゃーん　にん　じゃじゃーん　へんしんするぞ　にん　じゃじゃーん　トゥ！

どこだ？　どこに？いるのかな

案／すかんぽ
シアターイラスト／まーぶる
作り方イラスト／わたいしおり

| マグネットシアター | シナリオ P.91 | 型紙 P.116 |

▶ 演じ方動画

きょうは十五夜。一年のなかで一番きれいなまんまるのお月様が見える日です。でも、あれれ……？　お月様がどこにもいませんね？

⚫ 用意する物

●ボード

●雲　①　②

●月見だんご

●うさぎ

●ひよこ　●たぬき　●ふくろう　●キャップ付き磁石（6個）　●うさぎの影

※月見だんごとうさぎの影は、裏に輪にしたセロハンテープを使って貼ります。

✂ 作り方　　材料　段ボール板、画用紙、強力磁石、キャップ付き磁石

※磁石は誤飲事故にならないよう、扱いは十分ご注意ください。

●ボード

段ボール板に画用紙を貼る

キャップ付き磁石で強力磁石を貼った絵人形を操作する

山を描く

貼る

段ボール板を2、3枚重ねて貼る

段ボール板の支えを貼る

●ひよこ

画用紙

↓

強力磁石

絵人形の上部に貼るとバランスがとりやすいです。

※たぬき、ふくろう、うさぎ、雲①②も同様に作ります。

❶

お月様が出るんだって！

どこに見えるんだろうね〜

保育者B

雲①②　ひよこ

月見だんごを持たせたうさぎ

ふくろう

たぬき

保育者A

草の後ろにひよことたぬきを、木の後ろにふくろうを少し見えるように隠します。お月様の上には、月見だんごを持たせたうさぎをくっつけ、上から雲①②を重ねます。

保育者A
「今夜は十五夜、夜になるとまんまるの大きいお月様が出るんだって！」

保育者B　「え！　まんまる？」

保育者A　「そう、まんまる！」

保育者B　「どこに見えるんだろうね〜」

「まんまるっと おつきさま」（P.45）をうたいます。

♪うた

まるっ　まるっ　まんまるーっと　おつきさま
どこだ？　どこに？　いるのかーな

（以下　♪うた　）

2

へ～ピヨン！

あ！　あそこにまんまるが
見える

ひよこの頭を指さします。

保育者A
「あ！　あそこにまんまるが見える。
お月様かな？」

ひよこ　「へ～ピヨン！」

くしゃみに合わせて、ひよこを出したり、
引っ込めたりします。

保育者A「ん？　今なにか聞こえなかった？」
ひよこ「へ～ピヨン！」
保育者A
「やっぱりあのまんまるから聞こえるね」

くしゃみに合わせて、ひよこを出したり、
引っ込めたりします。

3

ピヨったなあ。
かぜをひいたかな

裏

わあ、ひよこさん
じゃないか！

裏側のキャップ付き磁石をつまんで絵人形を操作します。
（磁石には、絵人形の名前を書いておくと◎）

ひよこを全て出します。

ひよこ
「へ～ピヨン！　ピヨったなあ。
かぜをひいたかな。
あっ、くしゃみが……へ～ピヨン！」
保育者A「わあ、ひよこさんじゃないか！」
ひよこ「へ～ピヨン！」
保育者A「ひよこさん、お大事にね～」

ひよこを草の後ろに下げ、♪うた をうたいます。

4

ぐぐぐぐ～

こっちにも

ん？
ぐぐぐぐ～？

たぬきのおなかを指さします。

保育者A
「あれ？　こっちにもまんまるが見える。
さっきより大きいみたい」

たぬき
「ぐぐぐぐ～」

いびきに合わせて、たぬきを出したり、
引っ込めたりします。

保育者A
「ん？　ぐぐぐぐ～？」

5

たぬきを全て出します。

たぬき
「ぽん、ぽぽ～ん！　あ～よく寝た。
昼寝していたら、もう夜じゃないか。
こりゃあまいった、まいった。ああ、また寝よう……」

保育者A
「たぬきさんだったとは！」

たぬきを草の後ろに下げ、
♪うた をうたいます。

6

ふくろうの頭を指さします。

保育者A 「あ、見て見て！　木の上に大きいまんまる！
今度こそ、お月様だね」

ふくろう 「ホッホホ～！　ホッホホ～！」

鳴き声に合わせて、ふくろうを出したり、引っ込めたりします。

保育者A 「あれ？　お月様ってこんなに出たり引っ込
んだりするっけ？」

7

ふくろうを全て出します。

ふくろう
「ホッホホ～！　なにを言っておる、わしじゃ。お月様は
もっと高い所におるよ。わしも見ようとしてたんじゃ」

保育者A 「な～んだ、ふくろうさんだったのか～！」

ふくろうを木の後ろに下げ、♪うた をうたいます。

8

雲の中からうさぎを出し、地上に向かって動か
します。

うさぎ
「わ～～～！」

保育者A
「なにか落ちてきた！」

9

> 作りたてほやほやの
> お月見だんごだよ

うさぎ
「ぴょこんとお届け、作りたてほやほやの
お月見だんごだよ〜！」

月見だんごをうさぎの手から外し、ボードに貼ります。

保育者A 「わ〜おいしそう、ありがとう！」

うさぎ「おっと！　でも、もう戻らないと。
あ〜忙しい、忙しい！　ぴょんたかほ〜い！！」

うさぎをボードから外します。

保育者A 「うさぎさん、どこ行くの〜？」

10

\ お月様だ！ /

おしまい

保育者B
「すると、雲の陰からとうとうお月様が顔を出し
ました」

雲①②を動かしてお月様を見せます。

保育者A 「やったー！　お月様だ！」

ひよこ、たぬき、ふくろうを草と木の後ろから出します。

たぬき
「こりゃあ、ぽんぽこ弾みますな〜！
それ、ぽんぽこぽ〜ん！」

ふくろう
「ホッホホ〜！　こりゃあきれいなお月様じゃ！」

保育者A
「それじゃあ、おだんごもあるし、みんなでゆっくり
お月様を見ますかね〜」

♪うた をうたい、お月様にうさぎの影を貼ります。

保育者A
「あれはもしかして、さっきのうさぎさん……！
お〜い、うさぎさ〜ん！　おだんごをくれてありがとう〜！」

♪ まんまるっと おつきさま

作詞／川崎ちさと　作曲／入江浩子

まるっ　まるっ　まん まるーっと　おつきさま

どこだ？　どこに？　いるのかーな

\\ 動物たちも　トリック・オア・トリート！/

うひゃうひゃ ハロウィン！

| パネル シアター | シナリオ P.93 | 型紙 P.117 |

案／ケロポンズ
シアターイラスト／ジャブノオウチ

▶ 演じ方動画

きょうはハロウィン。好きな仮装に身を包んで、パーティーを
楽しんでいます。みんなの合言葉は……、"うひゃうひゃ"！

🎃 用意する物　材料 Pペーパー、パネル布

※パネルシアターの作り方はP.6をご参照ください。

●ドラキュラ　●ねこ　●フランケン シュタイン　●ぞう　●こうもり　●ペンギン　●ミイラ男　●しまうま　●うさぎ　●おばけ

Pペーパー

※重ねる絵人形の裏にパネル布を貼ると、重ねやすくなります。

---

①

誰でしょ にゃあ～？

仮装パーティーを 楽しんでいるようですよ

保育者

「きょうはハロウィン。みんな仮装パーティーを楽しんでいるようですよ」

ねこの上に、ドラキュラを重ねて出します。

ドラキュラ（ねこ）

「みなさん、うひゃうひゃハロウィン！ わたしのドラキュラのコスチューム、すてきでしょ？　さて、ここで問題です。わたしは一体誰でしょにゃあ～？」

「うひゃうひゃ ハロウィン！」(P.49)をうたいます。

♪うた

うひゃ　うひゃうひゃ　ハロウィン
うひゃ　うひゃうひゃ　ハロウィン
パーティーが　はじまるよー
わくわく　へんしん ┐
わたしは　だれでしょ ├──Ⓐ
うひゃうひゃ　ハロウィン ┘

（以下　♪うた ）

46

2

当たり
だにゃ〜！

……にゃあっ！！

動物の見えている部分を伝えながら、子どもの答えを
聞きます。

保育者
「あれ？　しっぽと、肉球が見えるね」

ドラキュラ（ねこ）「……にゃあっ！！」

保育者　「それに、『にゃあ』って言ってい
るよ。あ、ねこちゃんだ！」

ドラキュラをはがします。

ねこ　「当たりだにゃ〜！」

保育者　「うひゃうひゃハロウィーン！」

ねこを下げます。

3

わたしは一体
誰でしょう？

保育者「次は誰が来るかな？」

ぞうの上に、フランケンシュタインを重ねて出します。

フランケンシュタイン（ぞう）「うひゃうひゃハロウィン！
体も頭も大きいフランケンシュタインです。
さあ、わたしは一体誰でしょう？」

♪うた の🅐の部分をうたいます。

4

大当たり〜！

動物の見えている部分を伝えながら、子どもの答えを聞きます。

保育者「誰だろう？　すごく耳が大きいね。
みんな、ぞうって言っているよ！」

フランケンシュタインをはがします。

ぞう　「パオーン！　大当たり〜！」

ぞうを下げます。

5

今度は誰が来るかな？

ペタ　　ペタ

保育者
「今度は誰が来るかな？」

ペンギンの上に、こうもりを重ねて出します。

こうもり（ペンギン）
「うひゃうひゃハロウィン！
ペタ、ペタ、ペタ、ペタ〜！
わたしは誰でしょう？」

♪うた の🅐の部分をうたいます。

6

ペンギン
でした！

動物の見えている部分を伝えながら、子どもの答えを聞きます。

保育者 「こうもりって、パタパタ〜って飛ぶでしょう？
飛んで見せてくれない？」

ペンギン 「飛べないんだよう……。ペタペタ……」

保育者 「飛べないの？　あれ、かわいい足がペタペタ動いているね。ああ！　ペンギンだ！」

こうもりをはがします。

ペンギン 「そう、わたしは飛べない鳥、ペンギンでした！
でもね、海の中では飛ぶように泳ぐよ」

ペンギンを下げます。

7

わたしは
誰でしょうね〜？

保育者 「今度は誰が来るかな？」

しまうまの上に、ミイラ男を重ねて出します。

ミイラ男（しまうま）
「うひゃうひゃハロウィン！
包帯をぐるぐる巻きにしたミイラ男です。
さあ、わたしは誰でしょうね〜？」

♪うた の🅐の部分をうたいます。

8

当たりです〜！

動物の見えている部分を伝えながら、子どもの答えを聞きます。

保育者
「しっぽがしましまだね。
立派なたてがみもあるよ。そう、しまうまだ！」

ミイラ男をはがします。

しまうま
「当たりです〜！
ミイラ男といっしょで、しましまです！」

しまうまを下げます。

9

わたしの衣装、
とってもかわいい
でしょ〜

次は
誰かな？

ぴょん！

保育者 「次は誰が来るかな？！」

おばけの上に、うさぎを重ねて出します。

うさぎ（おばけ）
「ぴょん、ぴょん〜！　うひゃうひゃハロウィン！」

保育者 「あれ、きょうは仮装パーティーだよ。
衣装はどうしたの？」

うさぎ（おばけ）
「わたしの衣装、とってもかわいいでしょ〜」

♪うた の🅐の部分をうたいます。

⑩

おばけでした～！

本物の
おばけだ～！

わあ！

うさぎをはがします。

おばけ
「おばけでした～！」

保育者
「わあ！　本物のおばけだ～！」

おばけ
「だって、仮装パーティーがとっても楽しそうだったから、遊びに来ちゃったの。わたしの仲間も来ているよ。みんな～集まって～！」

⑪

今夜はみんなで
ハロウィンパーティーだ！

ドラキュラ、フランケンシュタイン、こうもり、ミイラ男を出します。

動物たち
「わあ～、本物だ、本物だ！」

ねこ、ぞう、ペンギン、しまうまを出します。

おばけ
「さあ、今夜はみんなで
ハロウィンパーティーだ！
みんなで楽しくうたって踊ろう」

♪うた をうたいます。

おしまい

♪ うひゃうひゃ ハロウィン！

作詞／増田裕子　作曲／平田明子

う　ひゃ　うひゃうひゃハ　ロ　ウィン
う　ひゃ　うひゃうひゃハ　ロ　ウィン
パー　ティー　が　は　じ　ま　る　よー
わくわくへんしんわたしはだれでしょ　うひゃうひゃハ　ロ　ウィン

\ 教えて！　ケロポンズ・すかんぽ/
シアター Q&A ³

Q 子どもたちがシアター中にザワザワ……
どうしたら?!

A なにに対してのザワザワ
なのかを見て対応を！

飽きてしまってのザワザワなのか、シアターの反応へのザワザワなのか、にもよりますね。飽きてしまってならば、声色やテンポ、動きを変えてみるなど変化をつけるのもひとつの方法です。シアターに反応してくれている場合は、その反応を言語化してやりとりを楽しんでみてはどうでしょうか。「あれ、みんなも不思議に思っている？」といった感じで。
"ちゃんとしよう！"と思えば思うほど、ドツボにハマる気がします。ポジティブ思考で楽しみにながらやっていくとうまくいくことが多い気がします。（すかんぽ）

Q スムーズに演じられない……
どうすれば!?

A 子どもは失敗も
笑ってくれるから大丈夫！

わたしたちもいろいろな失敗をしていますよ。例えば舞台上で絵人形が細〜い隙間に落ちたり、用意していた絵人形が「いない！」なんてこともあったり。アドリブでつないだり、他の絵人形で代用したりして慌てています（笑）。
でも、5歳児さんくらいになると、大人がなにかでバタバタしているのもおもしろがってくれるから助かります。「あぁ失敗しちゃった〜」とか正直に言うことがあってもいいんじゃないかな。
小さい子が前に来て、絵人形を触って困っちゃった、ってこともありました。そんな経験から、演じる前に「魔法をかけるよ。触っちゃうと魔法が解けてしまうからね」と始める前に伝えています。そうするとちゃんと触らないようにしてくれるんです。（ケロポンズ）

Q シアターのアイデアは
どうやって思いつくのですか？

A 子どもたちは
アイデアの宝庫！

子どもたちと遊んでいて、もしくは遊んでいる子どもたちを見ていると、シアターのアイデアが生まれることがよくあります。子どもたちはアイデアの宝庫！　現役保育士のすかんぽの2人も、びっくりするようなアイデアが出てくるので、いつもすごいなあと思います。保育者のみなさんの現場で生まれたアイデアもきっと素晴らしいと思います。思いついたらどんどんシアターに取り入れてみてくださいね。（ケロポンズ）

ふゆ
winter

クリスマスにお正月に節分……
楽しみな行事がめじろおしの冬を、
より一層盛り上げてくれるシアターです。
子どもたちいっしょにうたって、楽しく演じてください。

クリスマスといえば

| パネルシアター | シナリオ P.95 | 型紙 P.118 |

案／ケロポンズ
シアターイラスト／中小路ムツヨ

ケロポンズの「クリスマスといえば」のうたに合わせて、楽しくクイズしちゃいましょう！　クリスマス会にもぴったりです。

♪ 用意する物　材料　Pペーパー、毛糸

※パネルシアターの作り方はP.6をご参照ください。

●クリスマスボックス

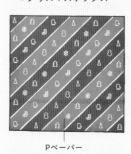

Pペーパー

●ツリー

●ケーキ

●トナカイ

●サンタさん

●プレゼント

※プレゼントの箱の裏側に毛糸を貼って作ります。

毛糸

1

> クリスマスのものがいろいろ入ってるよ

> なにが入っているのかな？

ツリーの上に、クリスマスボックスを重ねて出します。

保育者①

「"クリスマスボックス"を持って来たよ。クリスマスのものがいろいろ入ってるよ」

保育者②

「いったいなにが入っているのかな？」

「クリスマスといえば」(P.55)をうたいながら、クリスマスボックスから、ツリーを少しずつ出します。

♪ **うた**

クリスマスといえば
やっぱりあれだよね
こえをあわせて
いってみよう

2

やっぱりこれがなくちゃね

♪メリークリスマス　メリークリスマス

保育者②　「せーの！　『♪うた　ツリー！　イェイ！』」

子どもたちがツリーと答えたら、ツリーを全て出して最後までうたいます。

保育者①　「当たり！　やっぱりこれがなくちゃね」

♪うた

メリークリスマス　メリークリスマス　おめでとう　ヘイ！
メリークリスマス　メリークリスマス　おめでとう　ヘイ！

3

♪クリスマスといえば　やっぱりあれだよね

裏

ツリーとクリスマスボックスを下げ、ケーキの上にクリスマスボックスを重ねて出します。

保育者①　「さあ、今度はなにが入っているのかな？」

①と同様にうたいながら、クリスマスボックスから、ケーキを少しずつ出します。

♪うた

クリスマスといえば　やっぱりあれだよね
こえをあわせて　いってみよう

4

せーの！ケーキ！

当たり！　甘くておいしそ〜う

②と同様に、子どもたちが答えたら、ケーキを全て出して最後までうたいます。

保育者①
「せーの！　『♪うた　ケーキ！　イェイ！』」

保育者②　「当たり！　甘くておいしそ〜う」

♪うた

メリークリスマス　メリークリスマス
おめでとう　ヘイ！
メリークリスマス　メリークリスマス
おめでとう　ヘイ！

5

次はなんだと思う？

ケーキとクリスマスボックスを下げ、トナカイの上にクリスマスボックスを重ねて出します。

保育者①　「どんどんいくよ」
保育者②　「次はなんだと思う？」

①と同様にうたいながら、クリスマスボックスから、トナカイを少しずつ出します。

♪うた

クリスマスといえば　やっぱりあれだよね
こえをあわせて　いってみよう

6

❷と同様に、子どもたちが答えたら、
トナカイを全て出して最後までうたいます。

> 保育者①

「せーの！ 『♪うた トナカイ！ イェイ！』」

> 保育者②

「当たり！ つのがかっこいいよね」

> ♪うた
>
> メリークリスマス メリークリスマス おめでとう ヘイ！
> メリークリスマス メリークリスマス おめでとう ヘイ！

7

トナカイとクリスマスボックスを下げ、サンタさんの上にクリスマスボックスを重ねて出します。

> 保育者②

「トナカイさんが出て来たから……次はなんだろうね？」

❶と同様にうたいながら、クリスマスボックスから、サンタさんを少しずつ出します。

> ♪うた
>
> クリスマスといえば やっぱりあれだよね
> こえをあわせて いってみよう

8

❷と同様に、子どもたちが答えたら、サンタさんを全て出して最後までうたいます。

> 保育者①

「せーの！ 『♪うた サンタさん！ イェイ！』」

> 保育者②

「当たり！ サンタさんがいないと、始まらないよね」

> ♪うた
>
> メリークリスマス メリークリスマス おめでとう ヘイ！
> メリークリスマス メリークリスマス おめでとう ヘイ！

9

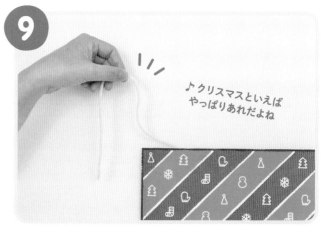

サンタさんとクリスマスボックスを下げ、プレゼントの上にクリスマスボックスを重ねて出します。

> 保育者①

「これで最後だよ。最後はなにかな？」

❶と同様にうたいながら、クリスマスボックスから、プレゼントの毛糸を少しずつ出します。

> ♪うた
>
> クリスマスといえば やっぱりあれだよね
> こえをあわせて いってみよう

プレゼントが少し出たところで止めます。

保育者①

「あれ？　なんだろう？」

保育者②

「これじゃあ、わからないね。
もう1回、うたってみよう」

プレゼントを少しずつ出しながら、うたいます。

♪うた

クリスマスといえば　やっぱりあれだよね
こえをあわせて　いってみよう

❷と同様に、子どもたちが答えたら、
プレゼントを全て出して最後までうたいます。

保育者①　「せーの！
『♪うた プレゼント！　イェイ！』

保育者②

「当たり！　わあ、プレゼントがこんなにたくさん！」

クリスマスボックスを下げ、ツリー、ケーキ、サンタ
さん、トナカイを貼り、プレゼントを持ちます。

保育者①②　「みんなのところにも、サンタ
さんがプレゼントを持って行くからねー！」

♪うた

メリークリスマス　メリークリスマス
おめでとう　ヘイ！
メリークリスマス　メリークリスマス
おめでとう　ヘイ！

♪ **クリスマスといえば**

作詞／平田明子　作曲／増田裕子

＼年が変わっても、干支を入れ替えて楽しめるパネルシアター／

干支とうたおう

パネルシアター	シナリオ P.97	型紙 P.119

案／ケロポンズ
シアターイラスト／冬野いちこ

十二支の動物たちが、新年を祝ってうたっています。

あれあれ？　途中でいなくなったのは誰かな？

▶ 演じ方動画

🎨 用意する物　材料 Ｐペーパー、パネル布

※パネルシアターの作り方はP.6をご参照ください。

- ●ねずみ
- ●うし
- ●とら
- ●うさぎ
- ●たつ
- ●へび
- ●うま

Ｐペーパー

- ●ひつじ
- ●さる
- ●とり
- ●いぬ
- ●いのしし
- ●冠

※顔の裏にパネル布を貼ると、体に重ねやすくなります。
※冠は輪にしたセロハンテープを使って貼ります。

---

①

＼あけまして
おめでとうございます／

輪になるように十二支を一匹ずつ貼っていきます。

（みんな）

「あけましておめでとうございます。
今年もよろしくお願いします」

「干支とうたおう」(P.59)の Ａ、Ｂ、Ｃ をうたいます。Ｂ は鳴き声に合わせて、順番に十二支の頭をずらします。

（ねずみ）「十二支のみなさん、そろいましたね。今年もみんなで楽しくうたいましょう」

♪うた

ねーうしとらうーたつみー ┐
うまひつじさるとりいぬいー ┘── Ａ

チュー　モゥ　ガオ　ピョン　ゴー　ニョロ ┐
ヒヒン　メェー　ウキキ　コケコッコー ├── Ｂ
ワン　ブヒー ┘
みんなでたのしくうたおう ┐── Ｃ

（以下 ♪うた ）

ちょっとトイレに
いってきます

> ②

さる 「すみませんー」
とら 「さるさん、どうしました？」

さるをセリフに合わせて少しずつ動かし、下げます。

さる
「ちょっとトイレにいってきます」

みんな
「いってらっしゃーい」

／ いってらっしゃーい！ ＼

あれ？

> ③

ひつじ 「さあ、またみんなでうたおう」
みんな 「そうですね。うたいましょう」

♪うた の A をうたいます。歌詞に合わせて十二支を順番に指さしながら、「♪さる」は「♪あれ？」とアレンジします。

> ♪うた
> ねーうしとらうー　たつみー　うまひつじ　「あれ？」とりいぬいー

子どもたちに問いかけ、返事を聞きます。

ねずみ 「誰がトイレに行ったんでしたっけ？」

戻ってきました

> ④

さるを出します。

さる 「戻ってきました」
みんな 「あ、さるさん！　お帰りなさい」

さる
「みなさんでうたをうたっていたでしょう？
わたしもうたいたいです！」

ねずみ
「じゃあ、みんなでうたいましょう」

十二支を指さしながら、♪うた の A をうたいます。

ぼくもちょっと
トイレに……

> ⑤

とらを輪の真ん中に出して、セリフに合わせて下げます。

とら
「ぼくもちょっとトイレに行きたくなっちゃって……」

うし
「とらさんも!?　いってらっしゃい」

ねずみ
「それでは、またみんなでうたいましょう」

みんな
「そうですね、うたいましょう」

6

♪うた の A をうたいます。歌詞に合わせて十二支を順番に指さしながら、「♪とら」は「♪あれ？」とアレンジします。

> ♪うた
>
> ねーうし「あれ？」うー　たつみー　うまひつじ
> さるとりいぬいー

子どもたちに問いかけ、返事を聞きます。

> みんな
>
> 「おやおや？　トイレに行ったのは誰でしたっけ？」

7

こういうときは
うたえば
いいんですよ！

とらを出し、輪の真ん中に貼ります。

> とら
>
> 「はあ、スッキリしました」

> うし
>
> 「ああ、とらさん！　お帰りなさい」

> とら
>
> 「ところで、ぼくの場所はどこでしたっけ？」

> ねずみ
>
> 「こういうときは、うたえばいいんですよ！」

8

♪ねーうし
「あれ？」うーたつみー

♪うまひつじ
さるとりいぬいー

6と同様に、「♪とら」は「♪あれ？」とアレンジして ♪うた の A をうたいます。

> ♪うた
>
> ねーうし「あれ？」うー　たつみー
> うまひつじ　さるとりいぬいー

9

わたしの
前ですよ

> うさぎ
>
> 「あ！　とらさんはわたしの前ですよ」

とらを元の場所に戻します。

> とら
>
> 「ありがとうございます！　では、よいしょっと」

> ねずみ　「じゃあ、みんなそろったところで！」

> みんな　「うたいましょう、うたいましょう」

十二支を指さしながら、♪うた の A をうたいます。

❿

たつ年
でーす！

※その年の干支に合わせて
アレンジしてください

ねずみ
「ところで、今年はなに年ですか？」

たつ
「はーい！　たつ年でーす！」

たつを輪の真ん中に貼り、セリフに合わせて冠を出し、たつの頭に貼ります。

ねずみ
「今年の干支の方には冠をどうぞ！
じゃあみんなでうたいましょう」

⓫

あけましておめでとうございます！

十二支を指さしながら、「干支とうたおう」のⒶからⒹまで通してうたいます。

みんな
「あけましておめでとうございます！」

おしまい

♪ **干支とうたおう**　　作詞／増田裕子　作曲／平田明子

おせっちさんと エビじいさん

\ おせち料理の由来がわかる！/

ペープサート & くるくるロール ／ **シナリオ P.98** ／ **型紙 P.121**

案／すかんぽ
シアターイラスト／くまだまり
作り方イラスト／松山絢菜

▶ 演じ方動画

お正月に食べる「おせち」ってなにが入っているか知っているかな？

おせっちさんとエビじいさんが楽しく教えてくれるよ！

（※おせちの由来は諸説あります）

用意する物

材料 画用紙、ラップ芯、不織布、ハンガー、面ファスナー、割り箸、マスキングテープ、紙パック、油粘土

※ペープサートの作り方はP.6をご参照ください。

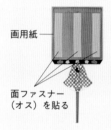

● おせっちさん

画用紙

面ファスナー（オス）を貼る

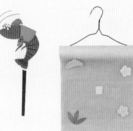

● エビじいさん

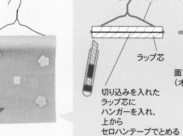

● くるくるロール

ハンガー

ラップ芯

切り込みを入れたラップ芯にハンガーを入れ、上からセロハンテープでとめる

画用紙で作った飾りを貼る

面ファスナー（オス）

ラップ芯の上から不織布を巻いてかけ、両面テープで貼り合わせる

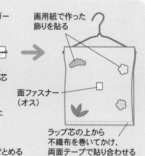

● 台×2

油粘土

紙パックを切って画用紙を貼る

● 伊勢エビ

裏に面ファスナー（メス）を貼る
※他のおせちの具も同様に作る

● 黒豆
画用紙

● 伊達巻

● 栗きんとん

● 昆布巻

● れんこん

● かまぼこ

①

おせっちさ〜ん！

はいは〜い！

台2つはあらかじめ机の上に出しておきます。エビじいさんとおせっちさんを出します。

エビじいさん「わしはエビじいさん。今年ももうすぐ終わりじゃから、お正月の神様をお迎えするため、お祝いの料理『おせち』を作るんじゃ。お〜い、おせっちさ〜ん！」

おせっちさん「はいは〜い！　そうね〜、そうね〜、おせちを作りましょう！ところで『おせち』ってなにを入れるの？」

エビじいさん「せいせいせーい！なんじゃ、おせっちさんは知らんのか」

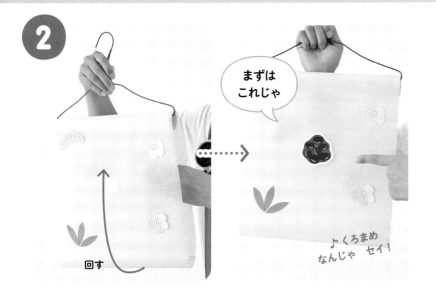

②

> まずは
> これじゃ

回す

♪くろまめ
なんじゃ セイ！

エビじいさん

「まずはこれじゃ」

エビじいさんを台に立て、くるくるロールを出し、面ファスナーのところが演じ手側にくるまで回します。黒豆を貼り、さらに回しながら「なんじゃ なんじゃ おせち」(P.63)の「〇〇〇〇」の部分を「くろまめ」にしてうたいます。

> ♪うた
>
> なんじゃ　なんじゃ　なんなんじゃ
> こりゃなんじゃ
> なんじゃ　なんじゃ　なんなんじゃ
> こりゃなんじゃ
> 〇〇〇〇（くろまめ）　なんじゃ　セイ！

（以下　♪うた　）

---

③

> 甘い、いい香り
> がするね

> 豆だけに
> まめに働く！

くるくるロールを止めて、黒豆を見せます。

エビじいさん

「これは黒豆じゃ」

黒豆をおせっちさんに貼ります。

おせっちさん

「あら～！　甘い、いい香りがするね」

エビじいさん

「豆には『元気』や『丈夫』といった意味があるんじゃ。つまり、『健康でたくさん働けますように』ということじゃ。豆だけにまめに働く！」

---

④

> あら～、
> きれいな色

♪くりきんとん
なんじゃ セイ！

エビじいさん　「次はこれじゃ！」

栗きんとんを貼ったくるくるロールを回しながら、♪うた　の「〇〇〇〇」の部分を「くりきんとん」にしてうたいます。

エビじいさん　「これは栗きんとんじゃ」

栗きんとんをおせっちさんに貼ります。

おせっちさん　「あら～、きれいな色」

エビじいさん

「そうじゃろ～。この栗の色が昔のお金の色に似ていることから、『金運アップ！』という意味もあるんじゃ」

5

エビじいさん 「次も似ている色じゃなあ、それ〜」

伊達巻を貼ったくるくるロールを回しながら、♪うた の「〇〇〇〇」の部分を「だてまき」にしてうたいます。

エビじいさん 「伊達巻じゃ〜」

伊達巻をおせっちさんに貼ります。

おせっちさん 「あら〜、本当。今度も黄色。くるくる渦を巻いているね」

エビじいさん 「このくるくるした形が、巻物といういろいろなことが書いてある、昔の本の形に似ているんじゃ。だから『いろいろなことが知れますように』という意味があるんじゃよ」

6

エビじいさん 「さてさて、今度はこれじゃ」

昆布巻を貼ったくるくるロールを回しながら、♪うた の「〇〇〇〇」の部分を「こぶまき」にして をうたいます。

エビじいさん 「これは昆布巻じゃ！」

昆布巻をおせっちさんに貼ります。

おせっちさん
「あら〜、なにか巻かれているね」

エビじいさん
「これは魚などを昆布で巻いた料理で栄養満点！だから『健康や長生き』を願う意味があるんじゃよ」

7

エビじいさん 「さあ次は、これもあった！」

れんこんを貼ったくるくるロールを回しながら、♪うた の「〇〇〇〇」の部分を「れんこん」にしてをうたいます。

エビじいさん 「これは、れんこんじゃ！」

れんこんをおせっちさんに貼ります。

おせっちさん
「あら〜、穴がなん個も空いているね」

エビじいさん 「そうなんじゃ。この穴をのぞくと先が見えやすいということで、『これからのことがよくわかりますように』という意味があるんじゃ」

8

エビじいさん 「さあ次は、なんじゃろな？」

かまぼこを貼ったくるくるロールを回しながら、♪うた の「〇〇〇〇」の部分を「かまぼこ」にしてをうたいます。

エビじいさん 「これは、かまぼこじゃ！」

かまぼこをおせっちさんに貼ります

おせっちさん 「あら〜、かまぼこは、赤い色と白い色に分かれているんだね」

エビじいさん 「そうなんじゃ。赤い色には『魔除け』、白い色には『清浄(せいじょう)』という意味があるんじゃ。つまり『悪いものを追い払ってくれますように』ということじゃ」

9

わしが
伊勢えびかい！

おエビじいさん

「さて、そろそろこれで終わりになりそう
じゃあぁぁぁぁぁ～～。
なななんじゃ～～目が回る～～～！」

くるくるロールの後ろからエビじいさんの顔を出し、
くるくるロールを回します。

エビじいさんを下げ、伊勢エビをくるくるロールに
貼って見せます。

伊勢えび〈エビじいさん〉

「せいせいせいせ～～～い!!
なんじゃ、わしが伊勢エビかい！」

10

これにて完成！

伊勢エビをくるくるロールから取ります。

おせっちさん 「あら～、なんだかこれはめでたい！」

エビじいさん

「そうじゃ！　わしたちは『腰が曲がるほど長生
きをする』という意味があるんじゃ！」

伊勢エビをおせっちさんに貼ります。

おせっちさん 「あら～、すてき!!」

エビじいさん 「これにておせちが、完成！」

♪うた の「○○○○」の部分を「おせち」にしてをうた
います。

おしまい

♪ **なんじゃ なんじゃ おせち**

作詞／川崎ちさと　作曲／入江浩子

C　　　　　　　　　　G　　　　　　　　　　C

なんじゃなんじゃなんなんじゃ　　こ　りゃな　ん　じゃ　　なんじゃなんじゃなんなんじゃ

G　　　C　　　　G　　　　　　　　　C

こ　りゃな　ん　じゃ　　○○○○　　　なん　じゃ　　セイ！

おにのつの

道に落ちていた、不思議な三角。しっぽにしてみたり、
帽子にしてみたり、いろいろと試してみますが……、
持ち主はいったい誰なのでしょうか？

| パネル
シアター | シナリオ
P.100 | 型紙
P.123 |

案／ケロポンズ
シアターイラスト／冬野いちこ

▶ 演じ方動画

用意する物　材料 P ペーパー

※パネルシアターの作り方はP.6をご参照ください。

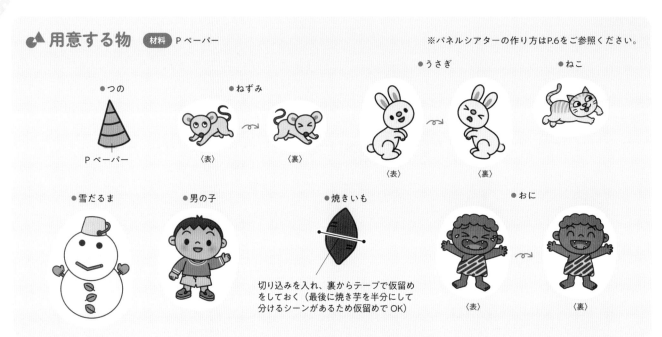

●つの
P ペーパー

●ねずみ
〈表〉　〈裏〉

●うさぎ
〈表〉　〈裏〉

●ねこ

●雪だるま

●男の子

●焼きいも
切り込みを入れ、裏からテープで仮留め
をしておく（最後に焼き芋を半分にして
分けるシーンがあるため仮留めで OK）

●おに
〈表〉　〈裏〉

①

わたしのしっぽ
にしようっと

三角のものが
落ちていました

つのを出します。

保育者
「道に三角のものが落ちていました。
そこに、うさぎが跳ねてきました」

うさぎ〈表〉を出します。

うさぎ
「これなんだろう？
わたしのしっぽにしようっと」

2

よいしょ
痛い！

痛い！

やーめた！

うさぎを裏返し、つのをお尻に貼ります。

（うさぎ）
「よいしょ。
痛い！　かっこいいけれど、
硬いからやーめた！」

つのを残して、うさぎを外します。

3

ぼくの帽子に
しよう！

どう？

帽子に！

（保育者）
「すると今度は、ねずみがやって来ました」
ねずみ〈表〉を出します。

（ねずみ）
「ぴかぴかのこれ、ぼくの帽子にしよう！」

つのをねずみの頭に貼ります。

4

にゃーお！

ねこだ、
逃げろー！

ねこを出し、ねずみを裏返してつのを外します。

（ねこ）　「にゃーお！」
（ねずみ）　「ねこだ、逃げろー！」

つのを残し、ねずみを逃げるように動かしながら下げます。

5

雪だるまを出します。

ねこ

「にゃんだこれ？　そうだ、
これを雪だるまさんの鼻にしよう」

つのを雪だるまの鼻に貼ります。

ねこ

「できたにゃー！」

ねこを外します。

6

雪だるま

「わあ、かっこいい鼻だ！
でも、ぼくには少し大きいかな？
そうだ！　これに乗ったら動けるぞ！
くるくる〜！」

つのを雪だるまの下に貼り、動かします。

雪だるま

「わあ〜、
目が回るう〜！」

7

雪だるま

「あれ〜〜！?」

つのを残して、雪だるまが
飛んでいくように外します。

8

男の子と焼きいもを出します。

男の子

「あちち、あちち、焼きいもをもらったけれど、熱すぎるなあ。
あっ！　これに入れたら……」

焼きいもの上につのを重ね、男の子の手に貼ります。

男の子　「うん、ぴったり！」

9

おに〈表〉を出します。

＜おに＞
「えーん、えーん」

＜男の子＞
「どうして泣いているの？」

＜おに＞
「ぼくの一番大切なものが
なくなっちゃったんだよ」

＜男の子＞
「かわいそうに。そうだ、ほくほくの焼きいもを
食べて元気を出して！」

10

おにを裏返します。

＜おに＞
「あった！　これだよ、ぼくの大切なつの！」

＜男の子＞
「そうだったの？」

＜おに＞
「うん、ありがとう。ほら！」

つのをおにの頭に貼ります。

11

＜男の子＞
「わあ、おにさんだったのね。
よかった、よかった。じゃあ、焼きいもを半分こに
していっしょに食べようよ」

半分にした焼きいもをそれぞれの手に貼ります。

＜男の子＞
「おいしいね。もう大切なつのを
落とさないようにね」

＜おに＞
「うん、ありがとう！　ばいばーい！」

おしまい

＼教えて！ ケロポンズ・すかんぽ／
シアターQ&A⁴

Q シアター別のポイントは？

A それぞれの工夫点を
お伝えします！

●パネルシアターについて

パネルボード（舞台）をしっかりと固定して、絵人形は出しやすいように整理しています。また、箱を2つ用意しておいて、これから登場する絵人形・もう登場しない絵人形と分けると手際よく演じることができます。（ケロポンズ）

●ペープサートについて

絵人形を固定する台を使ったり、2人以上で演じたりすると、焦らずに演じることを楽しめると思います。表から裏にするとき、少し間をおいたり、動かし方に変化をつけたりするとおもしろさが増してくるでしょう。（すかんぽ）

●スケッチブックシアターについて

ページをスムーズにめくっていくことがポイントです。手を湿らせるための濡れタオルを用意したり、画用紙の端を持ちやすいように少し折ったりするなどの工夫をしておくといいでしょう。（ケロポンズ）

●どのシアターにもいえることは……

子どもたちが楽しんでくれればオーケー！ 失敗した〜と思っていたら、逆にすごく盛り上がったこともあります。失敗も成功！ とにかく先生方が一番に楽しんで、子どもたちにいっしょに楽しもうオーラを送りながら演じてみてください。（ケロポンズ・すかんぽ）

誕生会

birthday party

・・

お友達の誕生日を、園のみんなでお祝いできる作品です。
誕生会のお祝いムードをシアターで盛り上げ、
心を込めて「おめでとう」の気持ちを伝えましょう。

キッチくんの
お誕生会

パネルシアター	シナリオ P.101	型紙 P.124

案／ケロポンズ
シアターイラスト／さくま育

きょうはおさるのキッチくんの誕生会。
どんなプレゼントが待っているのでしょうか？

🎵 用意する物　材料 Pペーパー

※パネルシアターの作り方はP.6をご参照ください。

●キッチくん
〈表〉　Pペーパー　〈裏〉

●オウム
〈表〉　〈裏〉

●うさぎ兄
〈表〉　〈裏〉

●うさぎ妹

●ハッピーボックスセット
〈表／ハッピーボックス〉

切り込み

〈裏／電車〉

●バナナの帽子

●バナナのケーキ

●青いハッピーボックス

●赤いハッピーボックス

①

きょうで
5歳なんだ

ハッピーボックス
を用意したよ

オウム〈表〉を出します。

（オウム）
「みなさん、こんにちは！　きょうは
おさるのキッチくんのお誕生会へ
ようこそ！　では、キッチくんどうぞ！」

キッチくん〈表〉を出します。

（キッチくん）
「みなさん、こんにちは！　ぼく、
おさるのキッチ。きょうで5歳なんだ」

（オウム）
「わあ！　キッチくん5歳おめでとう！
誕生日のキッチくんに、
ハッピーボックスを用意したよ」

2

「キッチくんのお誕生会」(P.73)をうたいます。

♪うた

たんたんたんたん　たんじょうび　キッチくんの
たんじょうび　ハッピーボックスあけたなら
しあわせいっぱいおめでとうー！

（以下　♪うた ）

バナナの帽子の上に青いハッピーボックスを重ねたものと、赤いハッピーボックスを出します。

オウム　「じゃじゃーん！　この箱のどちらかに、キッチくんへのプレゼントが入っています。さて、それはどっちかな？」

キッチくん　「うーん。みんな、どっちだと思う？」

3

欲しかった
バナナの帽子だ！

大当たりー！

子どもたちの答えを聞き、オウムのセリフに合わせて青いハッピーボックスを外します。

キッチくん
「ぼくは青い方だと思う」

オウム
「キッチくん、青だね。
青色オープン！　大当たりー！」

バナナの帽子を、キッチくんの頭に貼ります。

キッチくん
「やったー！　欲しかったバナナの帽子だ！」

4

ケーキは、どちらの箱に
入っているでしょうか？

バナナの帽子とハッピーボックスを一度下げます。

バナナのケーキの上に青いハッピーボックスを重ねたものと、赤いハッピーボックスを出します。
♪うた をうたいます。

オウム
「ケーキは、どちらの箱に入っている
でしょうか？」

子どもたちの答えを聞き、オウムのセリフに
合わせて赤いハッピーボックスを外します。

キッチくん
「うーん、今度は赤だ！」

オウム
「では、赤色オープン！」

5

わあ、大好きな
バナナのケーキ！

キッチくん

「あーん、なかった」

オウム

「ということは……青色オープン！」

青いハッピーボックスを外します。

キッチくん

「わあ、大好きなバナナのケーキ！
みんなで食べよう。ほら、ほら」

子どもたちに分けるしぐさをします。

6

＼ みんな、どっちだと思う？ ／

ハッピーボックスを下げます。

うさぎ兄〈表〉の上に青いハッピーボックスを重ねた
ものと、うさぎ妹の上に赤いハッピーボックスを重ね
たものを出します。♪うた をうたいます。

オウム

「お友達がお祝いに来てくれました。
どっちに入っているかな？」

キッチくん

「うーん、みんな、どっちだと思う？」

青いハッピーボックスからうさぎ兄の顔、
赤いハッピーボックスからうさぎ妹の足を出します。

7

離れちゃった！
助けなきゃ！

キッチくん

「うさぎくん？　あれれ？　よいしょ！」

キッチくんがうさぎ兄〈表〉を引っ張っているように
動かし、ハッピーボックスを離します。
キッチくんとオウムを裏返します。

キッチくん

「わあ、体が離れちゃった！　助けなきゃ！
よいしょ、よいしょ」

うさぎ兄・妹を助け出すように、
ハッピーボックスを外して下げます。

8

キッチくんとオウムを〈表〉にします。

> キッチくん

「なんだあ、うさぎさんたちかあ。びっくりしたー」

うさぎ兄を裏返します。

> うさぎ兄妹

「へへ。キッチくん、お誕生日おめでとう！
お祝いにダンスをするね！」

♪うた をうたい、うさぎ兄・妹がダンスをするように動かします。

> キッチくん　「ありがとう！」

9

> オウム

「じゃあ最後に、わたしからもプレゼントだよ」

ハッピーボックスセット〈表〉を出します。
♪うた をうたいます。

> オウム

「3、2、1、0　それー！」

ハッピーボックスセットを裏返して、電車を出します。

10

♪ハッピーボックスあけたなら
しあわせいっぱいおめでとうー！

> キッチくん

「わあ、電車だー！
みんな、ありがとう」

電車の切り込みに、
全員をさし込みます。

> オウム・うさぎ兄妹

「キッチくん、お誕生日おめでとう！」

♪うた をうたいます。

おしまい

♪ キッチくんのお誕生会

作詞／増田裕子　作曲／平田明子

たんたんたんたん　たんじょうび　　キッチくんの　たんじょうび　　ハッピーボックス あけたなら　　しあわせ いっぱい おめでとうー！

＼誕生会にはローソクくんがいなくっちゃ！／
ハピハピバースデイ
ローソクくん

| ペープ シアター | シナリオ P.102 | 型紙 P.126 |

案／すかんぽ
シアターイラスト／くまだまり
作り方イラスト／松山絢菜

▶ 演じ方動画

きょうはたっくんのお誕生会！　ローソクくんは炎を
ともしたまま、たっくんのおうちまでたどり着けるかな？

🎨 用意する物　材料　画用紙、工作用紙、輪ゴム、お花紙、割り箸、マスキングテープ
ストロー、片段ボール、丸シール、モール、パンチ穴補強シール

●ローソクくん
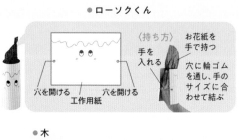
穴を開ける　穴を開ける
工作用紙
〈持ち方〉
手を入れる
お花紙を手で持つ
穴に輪ゴムを通し、手のサイズに合わせて結ぶ

●ちょうちょう
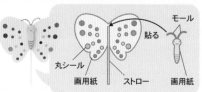
モール
貼る
丸シール
画用紙　ストロー　画用紙

●とり
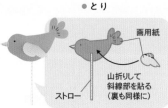
画用紙
山折りして斜線部を貼る（裏も同様に）
ストロー

●木
●草

丸シール　画用紙
工作用紙で作った三角柱を裏に貼って自立させる
画用紙

●かぜ

●ケーキ

丸めたりねじったりしたお花紙
パンチ穴補強シール　片段ボール

●くま
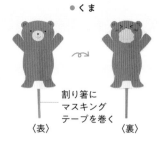
割り箸にマスキングテープを巻く
〈表〉　〈裏〉

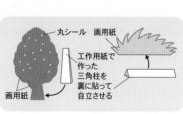

---

①

ぼく
ローソクくん

木と草はあらかじめ机の上に出しておきます。ローソクくんを出します。

ローソクくん

「やあ！　ぼくローソクくん。
きょうはたっくんのお誕生日をお祝いしに行くんだ。よ～し、出発！」

「ローソクくん」（P.77）をうたいます。

♪うた

□□□□　ローソクくん
□□□□□　ローソクくん
ハピハピ　バースデイ　ハピバースデイ
たたたた　たんじょうび　バースデイ

（以下　♪うた　）

❷

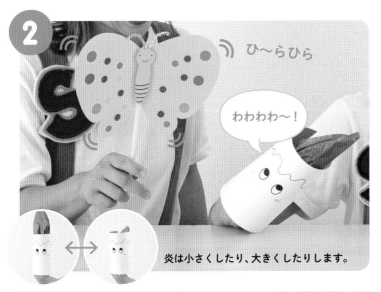

ひ〜らひら

わわわ〜！

炎は小さくしたり、大きくしたりします。

ちょうちょうを出します。
ちょうちょうの動きに合わせて、ローソクくんの炎を小さくしたり、大きくしたりします。

| ちょうちょう | 「ひ〜らひらひら、ひ〜らひら」 |

| ローソクくん | 「わわわわ〜！　炎が〜」 |

| ちょうちょう | 「あら、あなたの炎、大きさが変わるのね〜。不思議だわ〜。ひ〜らひら」 |

| ちょうちょう | 「あ〜不思議でおもしろかった！　じゃあ、またね〜。さようなら〜」 |

| ローソクくん | 「ふ〜びっくりした。そうだ、たっくんが待っているんだった。よ〜し！　出発！」 |

ちょうちょうを下げ、♪うた をうたいます。

❸

ツンツク

わわわ
わわわ〜！

とりを出します。

| とり | 「なんだ？　あのゆらゆらしているのは。バッサ〜バッサ〜バサバッサ〜」 |

ローソクくんの炎を小さくします。

| ローソクくん | 「わわわわわわ〜！」 |

| とり | 「ちょっとツンツンしてみよっと！　それツンツク……アッチッチッチ〜！　バサバサバサ！」 |

| ローソクくん | 「わわわわ〜！　これは大事な炎なんだよ〜」 |

| とり | 「それはすまない〜。ごめんよ〜。じゃあ、またね〜。さようなら〜」 |

| ローソクくん | 「は〜い、またね〜。よ〜し！　出発！」 |

とりを下げ、♪うた をうたいます。

❹

ビュ〜〜!!

わわ
わわわ〜！

かぜを出し、ローソクくんの前をかぜが横切るように動かします。ローソクくんの炎を小さくしたり、大きくしたりします。

| かぜ | 「ビュ〜〜〜〜〜〜〜ウ！」 |

| ローソクくん | 「わわわわわ〜〜！　あと少しでたっくんのおうちだ。炎が消えないようにしないと」 |

| かぜ | 「ビュ〜〜〜〜〜〜〜ウ！！！」 |

| ローソクくん | 「わわわわわ〜〜！！！またかぜさんが来た〜！」 |

かぜをローソクくんから遠ざけます。

| ローソクくん | 「よし今のうちに、急いで行こう！」 |

かぜを下げ、♪うた をうたいます。

5

くま〈表〉を出します。

> くま
> 「やあローソクくん！
> どこに行くんだい？」

> ローソクくん
> 「やあ、くまさん！
> 今からたっくんのおうちに……」

6

くまを裏返します。

> くま　「ハークション！！」
> ローソクくん　「わわわ～～！」

くまを〈表〉にします。

> くま　「ごめんごめん。
> なんだかきょうは鼻がむずむずしてさ。
> たっくんのおうちになにをしに行くんだい？」

> ローソクくん　「たっくんのお誕生会に……」

くまを裏返します。

> くま　「ハークション！！」
> ローソクくん　「わわわ～！」

7

くまを〈表〉にします。

> くま
> 「あ～きょうはよくくしゃみが出る日だよ。
> それにしてもローソクくんの炎は大きくなったり
> 小さくなったりしておもしろくってすてきだな～。
> ふぁ～はっはっは～～！」

> ローソクくん　「そ、そうかい？！　じゃあ今から
> たっくんのおうちに行くから、くまさんお大事にね」

> くま　「ありがとう～。じゃあね～。ふぁ～
> はっはっは～～！」

> ローソクくん　「おっと！　急がないと！」

くまを下げ、テンポアップして ♪うた をうたいます。

ケーキを出し、ローソクくんをケーキにぴょんとのせます。

ローソクくん

「ふ〜 間に合った！
それじゃあ、たっくん、お誕生日おめでとう！
今からうたうから、最後にふ〜ってしてね。
みんなもいっしょにしてくれるかい？」

たっくん、
お誕生日
おめでとう！

誕生会

9

♪うた を歌います。

ローソクくん

「せ〜の！　ふ〜〜〜〜〜〜！
お誕生日おめでとう！」

ふ〜！　ふ〜！

♪たたたた たんじょうび
バースデイ

おしまい

♪ ローソクくん

作詞／川崎ちさと　作曲／入江浩子

ロ ロ ロ ロ ロー ソクくん　ロ ロ ロ ロ ロ ロー ソクくん

ハピハピバースデイ ハピバースデイ たたたたたんじょうび バースデイ

77

\ 誕生日に"ピンポーン"とやって来たのは？/

ピンポン誕生日

紙コップ シアター	シナリオ P.103	型紙 P.127

案／ケロポンズ
シアターイラスト／みさきゆい

ニャーコちゃんの誕生日に次々にやって来るお友達。
紙コップを回すと動物の顔が立ち上がるしかけが
楽しいシアターです。

▶ 演じ方動画

🔺 用意する物　材料　紙コップ、マドラー、コピー用紙

●土台

マドラー

紙コップ

紙コップの底を
切り抜き、中にマド
ラーをセロハ
ンテープで貼る

●ニャーコちゃん

ニャーコちゃんの
裏側に家を貼る

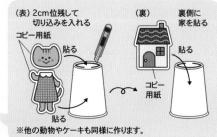

（表）2cm位残して
切り込みを入れる

コピー用紙

貼る

（裏）裏側に家を貼る

貼る

コピー
用紙

貼る

※他の動物やケーキも同様に作ります。

●ケーキ

紙コップの裏側に
もケーキを貼る

紙コップの底を2cm位残し
て切り込みを入れ、ロウソク
を貼る

※ロウソクは1〜6本まで型紙
を用意しています。年齢に
合わせてご使用ください。

---

① \ きょうはニャーコちゃんの誕生日！/

家はあらかじめ
土台に重ねておきます

マドラーが貼ってある土台の
紙コップに、ニャーコちゃんの
家を前にして重ねて出します。

保育者

「きょうはねこのニャーコちゃ
んの5歳の誕生日。
おうちでニャーコちゃんが
誰かを待っていますよ」

誰かを待って
いますよ

2

♪ピンポーン

家を回転させて、ニャーコちゃんの顔を立たせます。

（ニャーコちゃん）

「きょうはわたしの誕生日。おうちでパーティーをするの。みんな、はやく来ないかなー」

「ピンポン誕生日」(P.80)をうたいながら、ニャーコちゃんを回転させながら顔を倒し、家を前に出します。

♪うた

うれしい　たんじょうび
たのしい　パーティーだ
ピンポーン　はーい　どなたですか

（以下　♪うた ）

3

お誕生日おめでとう

入って入って

ウーちゃんをニャーコちゃん家の上に重ねて登場させます。

（ウーちゃん）

「ニャーコちゃん、お誕生日おめでとう」

ウーちゃんを紙コップから外します。家を回転させて、ニャーコちゃんの顔を立たせます。ウーちゃんと並べておきます。

（ニャーコちゃん）

「わあ！　ウーちゃんありがとう。
入って入って」

（ウーちゃん）

「おじゃましますぴょん！」

4

♪うれしい
たんじょうび

♪うた　をうたいながら、ウーちゃんを少し離れた場所に置き、❸と同じようにバウくんを出します。

（バウくん）「ニャーコちゃん、お誕生日おめでとう」

バウくんを紙コップから外し、ニャーコちゃんを出します。

（ニャーコちゃん）「バウくんありがとう！　どうぞー入って入って」

（バウくん）「おじゃまするワン！」

5

ブーリン
ありがとう！

♪うた　をうたいながら、バウくんを少し離れた場所に置き、❸と同じようにブーリンを出します。

（ブーリン）「ニャーコちゃん、お誕生日おめでとう」

ブーリンを紙コップから外し、ニャーコちゃんを出し、土台を下げてみんなを並べます。

（ニャーコちゃん）「わあー。ブーリンありがとう！」

6

みんなで作った
ケーキだよ！

| ニャーコちゃん | 「みんな、来てくれてありがとう」 |
| みんな | 「ニャーコちゃん、目をつぶって！」 |

土台にケーキ（ロウソク側でない方を前に出して）を重ねて出します。

ウーちゃん	「はい。目を開けていいよ！」
プーリン	「ジャーン！　みんなで作ったケーキだよ！」
ニャーコちゃん	「わあーすごい！　おいしそう」

7

みんなでうたおう！

ふー！

| バウくん | 「ニャーコちゃんは5歳だから5本ロウソクに火をつけてみんなでうたおう！　せーの！」 |

ケーキを回転させ、ロウソクを立て「ハッピー バースデー トゥー ユー」をうたいます。

| みんな | 「ニャーコちゃん！　ロウソクの火を消して！」 |
| ニャーコちゃん | 「ふー（ロウソクをふく）みんなありがとう！」 |

ケーキを回転させ、ロウソクを下ろします。

8

家を前にして
重ねて終わります。

みんなの楽しそうな
声がいつまでも
聞こえていました

それぞれの動物を回転させ、家を前に出してから重ねていきます。

保育者

「こうしてニャーコちゃんのおうちでは、みんなの楽しそうな声がいつまでも聞こえていました」

おしまい

♪ ピンポン誕生日

作詞／平田明子　作曲／川崎ちさと・入江浩子

うれしいたんじょうび　たのしいパーティだピンポーン　はーい　どなたですか

シナリオ・型紙

•シナリオの使い方

シアターを演じるとき、セリフや演じ方をすべて暗記するのは大変！

そんなときに大活躍間違いなしの、シナリオテキストを用意しました。

演じる作品のシナリオをコピーして、パネルボードの裏に貼っておいたり、舞台の片隅に用意したりしておきましょう。お話の流れやセリフを確認しながら演じることができる心強い味方になります！

•型紙の使い方

作りたい作品の大きさに合わせて拡大コピーをしてご利用ください。

拡大率の出し方は下記をご参照ください。

拡大率 ＝ 実際に作りたい大きさの左右幅 ÷ 型紙ページの左右幅 × 100

例　左右幅20cmの絵人形を作りたい。掲載されている型紙の左右幅は8cm。

20 ÷ 8 × 100 ＝ 250　「250％で拡大コピー」

（P.8〜11） ワクワク ドキドキ にこにこえん

1 家とみーちゃんを出します。

> 保育者
>
> 「みーちゃんはきょうからにこにこえん」
>
> みーちゃん 「あードキドキするなあ」

みーちゃんを動かしながら「ワクワク ドキドキ にこにこえん」(P.11)をうたい、家を下げます。

> ♪うた
>
> はじめてって　ワクワクー
> だけど　ちょっぴり　ドキドキー
> ワクワク　ドキドキ　ワクワク　ドキドキ　にこにこえん
>
> （以下 ♪うた ）

2 チューリップとハチを出します。

> ハチ
>
> 「みーちゃん、おはよう。どこかにお出かけ?」
>
> みーちゃん
>
> 「ハチさん、おはよう。わたしきょうからにこにこえんに行くの。でもはじめてだからドキドキなんだ」

3 チューリップを下げ、花束を出し、みーちゃんに渡します。

> ハチ
>
> 「そうかあ。じゃあ、この花束を持って行くといいよ。安心のお守りだよ」
>
> みーちゃん
>
> 「わあ、ハチさんどうもありがとう。いってきまーす!」
>
> ハチ 「いってらっしゃーい!」

みーちゃんを動かしながら ♪うた をうたい、ハチを下げます。

4 ポストと三つ葉、四つ葉を出します。

> ポスト
>
> 「みーちゃん、おはよう。お出かけかい?」
>
> みーちゃん
>
> 「ポストさん、おはよう。
> わたしきょうからにこにこえんでドキドキしているんだ」

5 四つ葉をみーちゃんに渡します。

> ポスト
>
> 「そうかいそうかい。
> じゃあ、お守りにこの四つ葉を持って行くといいよ」
>
> みーちゃん
>
> 「ポストさん、どうもありがとう。いってきまーす!」

みーちゃんを動かしながら ♪うた をうたい、ポストと三つ葉を下げます。

6 うーちゃんと桜の花びらを出します。

> みーちゃん 「うーちゃん、おはよう」
>
> うーちゃん 「みーちゃん、おはよう。ぼく、はじめてのにこにこえんでドキドキしていたら桜さんが花びらをお守りにってくれたんだよ」
>
> みーちゃん 「わあ、きれい!　わたしもハチさんとポストさんから花束と四つ葉をもらったの。じゃあ、いっしょに行こう!」

みーちゃん、うーちゃんを動かしながら ♪うた をうたいます。

7 かばえ先生と門〈表〉を出します。

> かばえ先生
>
> 「おはようー!　待ってたわよー!
> はじめまして。わたし"かばえ"って言います。
> 2人に会うまでドキドキしてたの」
>
> みーちゃん・うーちゃん 「えぇ!?　先生もドキドキするの?」
>
> かばえ先生
>
> 「そうなのよ。でも2人の顔を見たらドキドキはどっかにいっちゃった!」

8 かばえ先生 「あら、すてきな花束に四つ葉、それに桜の花びらね」

> うーちゃん 「うん!　元気が出るお守りなんだよ!」
>
> かばえ先生 「じゃあ、この門に飾ってみんなをお迎えするのはどうかしら?　2人も手伝ってくれる?」
>
> みーちゃん・うーちゃん 「いいよ!」

門を飾りつけるように、花束や、みーちゃん、うーちゃん、かばえ先生を動かし、門を裏返します。花束、四つ葉、桜の花びらを下げます。

> みーちゃん 「見て〜、できたよ〜!」

9 わんちゃんとぴーちゃんを出します。

> わんちゃん・ぴーちゃん 「おはよう。わあ!　きれいな門」
>
> かばえ先生
>
> 「あら、わんちゃん、ぴーちゃん、おはよう。みんな、きょうからどうぞよろしくね」
>
> 全員 「はーい!」

♪うた をうたいます。

おしまい

(P.12～13) ピョコピョコ ピョコッと

1 春ボードを出します。

> **保育者**
>
> 「春の野原は、みんな大忙し！
> あれ？　なにか動いているよ」

てんとうむしを穴から少し出し入れしながら、「ピョコピョコピョコッと」(P.13)をうたいます。

> ♪うた
>
> ピョコピョコピョコッと　ピョコピョコピョコッと
> どこかな　なにかな　どこかな　なにかな？

2 子どもたちの答えを聞いて、てんとうむしを全部出します。

> ♪うた
>
> ピョコ！　てんとうむしです

3 1・2と同様に繰り返して、ちょうちょうを出します。

> ♪うた
>
> ピョコ！　ちょーうちょうです

4 1・2と同様に繰り返して、かえるを出します。

> ♪うた
>
> ピョコ！　かえるですー

5 **保育者**

「春はみんなうれしそうだね！」

おしまい

1 パックンといちご雲を出します。

> パックン

「ぼくはこいのぼりのパックン。空をぐんぐん飛んでいくよ。あれれ？　変な形の雲がきた。なんか見たことあるな。これ、なんだっけ？」

子どもたちとやりとりをします。

> パックン

「えっ、いちご？　よし、パクッと食べてみるよ」

2 「パクパクパックンこいのぼり」(P.17)をうたいます。

> ♪うた
>
> ふわ　ふわ　ふわ　ふわ
> このくも　たべてみよう
> パクパク　パックン

パックンの裏の封筒に、いちご雲を入れます。

> ♪うた
>
> 「すっぱーい」

3 パックンをめくって赤を出し、うたいます。

> ♪うた
>
> あーかい　こいのぼりに　なっちゃった

> パックン

「あれれ？　いちごを食べたら、
体が赤くなっちゃった！」

4 バナナ雲を出して、1・2のように子どもたちとやりとりをし、繰り返してから、パックンをめくります。

> パックン

「また変な形の雲がきたぞ。これは……そうだ、バナナ！　大好物だよ！　パクッと食べてみるよ」

> ♪うた
>
> ふわ　ふわ　ふわ　ふわ
> このくも　たべてみよう
> パクパク　パックン　「あまーい」
> きいろい　こいのぼりに　なっちゃった

> パックン

「今度は黄色になったよ！」

5 もも雲を出して、1・2のように子どもたちとやりとりをし、繰り返してから、パックンをめくります。

> パックン

「これはなんだ？　みんなわかる？
ももかな？　よーし、食べてみよう」

> ♪うた
>
> ふわ　ふわ　ふわ　ふわ
> このくも　たべてみよう
> パクパク　パックン　「ちゅるんととろける」
> ももいろ　こいのぼりに　なっちゃった

> パックン

「本当だ！　ももを食べたら、桃色になったよ！」

6 メロン雲を出して、1・2のように子どもたちとやりとりをし、繰り返してから、パックンをめくります。

> パックン

「今度はなんだ？　えっ、すいか？　メロン？　どっちかな？　よし、食べるぞー」

> ♪うた
>
> ふわ　ふわ　ふわ　ふわ
> このくも　たべてみよう
> パクパク　パックン　「おいしい」
> みどりの　こいのぼりに　なっちゃった

> パックン

「わあい、メロンだったー。おいしかったなあ！
体も緑色になったよー！」

7 パックンをゆっくりめくり、虹色を出します。

> パックン

「おいしい雲を食べて、いろいろな色のこいのぼりに
変身していたら……なんだか……。あ！　虹色こいのぼりになっちゃった！」

8
> ♪うた
>
> ふわ　ふわ　ふわ　ふわ
> このくも　たべてみよう
> パクパク　パックン　「うわ〜すごい」
> にじいろ　こいのぼりに　なっちゃった

> パックン　「おなかいっぱーい！　みんな、いっしょに遊んでくれてありがとう！」

おしまい

1 壁に赤色の不織布を貼り、からくりキューブの無地の面を出して登場します。

（ぼんぼりやーじゅ）「みなさんこんにちは。ぼんぼりやーじゅのまさっかショーへようこそ。きょうは、まさっかショーのひな祭りバージョンをお届けします」

（観客）「まさっかショーだって。おもしろそう！」

「ひな祭りのまさっかショー」（P.21）をうたい、うたに合わせてからくりキューブを回転させて、A面（ぼんぼり）を出します。

　　♪うた

　　ひなまーっ　まっまっまっ！　まさか！
　　ひなまーっ　まっまっまっ！　まさか！　ひなまーつりの
　　まさか！　ぼんぼりやーじゅの　まさっかショー！

　　　　　　　　　　　　　　　　　　　（以下　♪うた　）

2 （ぼんぼりやーじゅ）「はい！　できました！
はてさて、これはなーんだ！」

（観客）「ぼんぼりー！」

（ぼんぼりやーじゅ）「はい！　まさっかショー！
こちら、ぼんぼりでした」

カードのぼんぼりを出し、後ろの不織布に貼ります。

3 （ぼんぼりやーじゅ）「これがほんのりとした明るさで、あの人たちに大人気なんです。ちなみにほんのり、ほんのり、ほんのり、ぼんぼりと言葉が変わっていったともいわれている。ひみつだじょ！　よし！　次いってみよう〜」

4 ♪うた　をうたいながら、からくりキューブを回転させて、B面（ひし餅）を出します。

（ぼんぼりやーじゅ）「はい！　できました！
はてさて、これはなーんだ！」

（観客）「ひし餅ー！」

（ぼんぼりやーじゅ）「はい！　まさっかショー！
こちら、ひし餅でした」

カードのひし餅を出し、後ろの不織布に貼ります。

（ぼんぼりやーじゅ）「このお餅はなんで3つの色か知っているかい？　桃色は魔よけ、白色は健康、緑色は厄よけともいわれている。ひみつだじょ！　よし！　次いってみよう〜」

5 ♪うた　をうたいながら、からくりキューブを回転させて、C面（三人官女）を出します。

（ぼんぼりやーじゅ）
「はい！　できました！　はてさて、これはだーれだ！」

（観客）「三人官女！」

（ぼんぼりやーじゅ）「はい！　まさっかショー！　こちら、三人官女でした」

カードの三人官女を出し、後ろの不織布に貼ります。

（ぼんぼりやーじゅ）
「この人たちは、あの人たちのお世話係。優秀な人たちらしいよ。ひみつだじょ！　よし！　次いってみよう〜」

6 ♪うた　をうたいながら、からくりキューブを回転させて、D面（五人囃子の3人）を出します。

（ぼんぼりやーじゅ）「はい！　できました！
はてさて、これはだーれだ！」

（観客）「わかんなーい！」

（ぼんぼりやーじゅ）「はい！　まさっかショー！　こちらは五人囃子の笛に……、あれ？　3人しかいない。5人いないと、お祝いの音色にならないよ。困った、困った。では、もう一度！」

7 ♪うた　をうたいながら、からくりキューブを回転させて、D-2面（五人囃子の2人）を出します。

（ぼんぼりやーじゅ）「はい！　できました！
はてさて、これはだーれだ！」

（観客）「五人囃子！」

（ぼんぼりやーじゅ）「はい！　まさっかショー！
1・2・3・4・5 五人囃子そろいました！」

カードの五人囃子を出し、後ろの不織布に貼ります。

8 （ぼんぼりやーじゅ）「音が出る場所が口から遠い順に左から並ぶんだ。太鼓・大鼓・小鼓・笛・うた。ちなみにバチを持った太鼓の人がリーダーらしい。ひみつだじょ！　よし！　次いってみよう〜」

9 ♪うた　をうたいながら、からくりキューブを裏返して、E面（おひなさま）を出します。

（ぼんぼりやーじゅ）「はい！　できました！
はてさて、この人たちはだ〜れだ！」

（観客）「おひなさま！」

（ぼんぼりやーじゅ）「はい！　まさっかショー！
こちら今回の主役、おびなとめびな」

カードのおひなさまを出し、後ろの不織布に貼ります。

10 （ぼんぼりやーじゅ）「このおびなとめびな、2人のことを合わせて、おだいりさまというらしい。ひみつだじょ！
きょうのことは、全部ひみつだじょ〜！」

♪うた　をうたいながら、からくりキューブを回転させてA〜E面（すべての面）を見せます。

（おしまい）

1 スケッチブックの1ページ目を出します。

保育者

「ふわふわってやって来たこの子は……。
おばけかと思ったら……」

2 スケッチブックの2ページ目を出します。

保育者

「うさぎでした～」

3 スケッチブックの3ページ目を出します。

保育者

「おばけかと思ったら……」

スケッチブックの4ページ目を出します。

保育者 「あひるでした！」

4 5ページ目を出します。

保育者

「おばけかと思ったら……」

6ページ目を出します。

保育者

「りすの親子でした！」

5 7ページ目を出します。

保育者

「おばけかと思ったら……」

8ページ目を出します。

保育者

「思ったら……。あれ？」

9ページ目を出します。

保育者

「思ったら……。もしかして……？
ひょっとして……？」

6 10ページ目を出します。

保育者

「本当のおばけだ～！
ばぁ～！」

7 11ページ目を出します。

保育者

「パッ！　あ！　消えちゃった」

おしまい

（P.26〜29） ねがいごとやのパンちゃん

1 ささとパンちゃんを出します。

　［保育者］「きょうは七夕。ねがいごとやのパンちゃんは、みんなが来るのを待っています」

　［パンちゃん］「いらっしゃい！　いらっしゃい！　なんでもねがいごとをかなえる、ねがいごとやですよー！」

「ねがいごとやのパンちゃん」（P.29）をうたいます。

> ♪うた
>
> きょうは　たなばた　ねがいごとを　かなえましょう
> それ！　パンパンパンの　パンパパーン

（以下 ♪うた ）

2 りす〈表〉に短冊を持たせて出します。

　［りす］「パンちゃーん！　わたし、一度でいいからすてきなドレスを着てみたいんだけど、かなうかしら？」

　［パンちゃん］「もちろんだよ！」

りすの短冊をささに貼り、♪うた をうたいます。

3 りすを裏返します。

　［りす］

「わあ、すてきなドレス！　パンちゃん、ありがとう！」

りすを下げます。

4 ぶたに短冊を持たせて出します。

　［ぶた］「パンちゃーん！　わたし、今おなかがぺこぺこなの。おなかいっぱいとうもろこしを食べたいんだけど、かなうかしら？」

　［パンちゃん］「任せて！」

ぶたの短冊をささに貼り、♪うた をうたいます。

5 　［パンちゃん］「ドーン！」

とうもろこし〈表〉を出します。

　［ぶた］

「わあ、こんなにたくさん！　いただきまーす！」

とうもろこしを食べるようにぶたを動かしたら、とうもろこしを裏返します。

　［ぶた］「ん〜！　おなかいっぱい、ありがとう!」

ぶたととうもろこしを下げます。

6 かめ〈表〉に短冊を持たせて出します。

　［かめ］「ぼく、きょうは友達の誕生日パーティーに行くのに、寝坊しちゃった。間に合うかな？」

　［パンちゃん］「任せて！　間に合わせるよ」

かめの短冊をささに貼り、♪うた をうたいます。

7 かめを裏返します。

　［かめ］「わあ、車に変身だ！　これなら間に合いそう。ありがとう、いってきまーす！」

かめを走るようにすばやく下げます。

8 かっぱ〈表〉に短冊を持たせて出します。

　［かっぱ］「ああ、お皿が……お皿が乾く……」

　［パンちゃん］「あ、かっぱさん、大丈夫ですか？」

　［かっぱ］「雨が降らないから、お皿が乾いて苦しいんです……。雨を降らせてください」

　［パンちゃん］「わかった！　急いで降らせるよ」

かっぱの短冊をささに貼り、♪うた をうたいます。

9 　［パンちゃん］「ザー！」

雨雲を出したあと、かっぱを裏返します。

　［かっぱ］「シャキーン！　わあ、雨だ、雨だ！元気が出たよ。パンちゃん、どうもありがとう！」

雨雲を残して、かっぱを下げます。

10 織姫〈表〉に短冊を持たせて出します。

　［織姫］

「ああ……また雨だなんて。しくしく……」

　［パンちゃん］「どうしました？」

　［織姫］「去年の七夕も雨で、彦星様に会うことができなかったんです。今年も雨では、また会えなくなってしまいます……。彦星様に会いたいんです」

　［パンちゃん］「大丈夫！　ぼくに任せてください！」

織姫の短冊をささに貼り、♪うた をうたいます。

11 雨雲を下げて彦星を出し、織姫を裏返します。

　［彦星］「織姫様、やっと会えましたね！」

　［織姫］

「ああ、彦星様、お会いできてうれしいです！」

　［パンちゃん］「みなさんのねがいごとがかなってよかった、よかった。みんなのねがいごとはなにかな？」

♪うた をうたいます。　　　　　おしまい

1　壁に青色の不織布を貼っておき、しーくんの名札を着けて登場します。

> しーくん 「こんにちは、ぼくしーくん。あーなんだか喉がかわいたな。よし、お水でも飲もう」

コップを出します。

> しーくん 「あれ？　今、コップの中になにか見えた気がする。なんだろう」

「みーるみる」(P.33)をうたいます。

♪うた

みーるみるみる　なにみえる
みーるみるみる　なにみえる

（以下 ♪うた ）

2　コップの水カードを抜き、ポケットの一番後ろに入れます。

〈1枚目〉
> しーくん 「あれ、これはなんだろう？」

子どもたちに言葉をかけたあと、さかなカードの1枚目を抜き、後ろの不織布に貼ります。

〈2枚目〉
> しーくん 「今度は丸い点が見えるね」

子どもたちに言葉をかけたあと、さかなカードの2枚目を抜き、後ろの不織布に貼ります。

3　コップを下げ、2枚のさかなカードを後ろの不織布の上で組み合わせます。

> しーくん

「これはもしかして……みんなはもうわかったよね！
さかながいたとはびっくり！」

4　金魚鉢を出します。

> しーくん

「あれ、今度はこの中にもなにか見えるよ。
なにがいるのか、のぞいてみよう」

♪うた をうたいます。

5　金魚鉢の水カードを抜き、ポケットの一番後ろに入れます。それぞれのふぐカードを出し、2と同様に順番に後ろの不織布に貼っていきます。

〈1枚目〉
> しーくん 「なにかトゲトゲが見えるね」

〈2枚目〉
> しーくん 「ここにも、"つの"みたいなものが！」

〈3枚目〉
> しーくん 「ここにもいっぱいトゲトゲだ！」

〈4枚目〉
> しーくん 「これは目かな？」

6　金魚鉢を下げ、4枚のふぐカードを後ろの不織布の上で組み合わせ、子どもたちに問いかけます。

> しーくん 「これはなんだと思う？　そう！　ふぐ！」

7
> しーくん 「なんだかきょうは不思議な日だな。ちょっと外に行ってみよう」

水たまりを出します。

> しーくん 「あれ、水たまりからなにか見えた気がする！　もしかして水たまりのなかにもなにかいるのかな？　よーし見てみよう」

♪うた をうたいます。

8　水たまりの水カードを抜き、ポケットの一番後ろに入れます。それぞれのたこカードを出し、2と同様に順番に後ろの不織布に貼っていきます。

〈1枚目〉
> しーくん 「まっかだね」

〈2枚目〉
> しーくん 「棒かな？」

〈3枚目〉
> しーくん 「てんてんがあるね」

〈4枚目〉
> しーくん 「もしかして、これは……」

9　水たまりを下げ、4枚のたこカードを後ろの不織布の上で組み合わせ、子どもたちに問いかけます。

> しーくん 「もうみんなわかったかな？
そうだね。たこ！」

♪うた をうたいます。

10　水中メガネを出します。

> しーくん 「あれ、こんなところに水中メガネだ！　これ1度着けてみたかったんだよね！どれどれ……」

> しーくん 「わぁ、このメガネをかけると海の中がきれいに見えるよ！　これでまたいろんなものを見てみよーっと！　いってきまーす！」

♪うた をうたいます。

おしまい

(P.34〜35) ぱにゃぱにゃ

1
きゅうりへび〈表〉を出し、「ぱにゃぱにゃ」(P.35)を
うたいます。

♪うた

きゅうり　ぱにゃぱにゃ
きゅうり　ぱにゃぱにゃ　なんになる？

保育者

「なにになると思う？
変身したら、『えーっ!!』って言ってね」

2
きゅうりへびを裏返します。

保育者

「きゅうりへびー！」

3
きゅうりへびを下げ、トマトうさぎ〈表〉を出し、
うたいます。

♪うた

トマト　ぱにゃぱにゃ
トマト　ぱにゃぱにゃ　なんになる？

保育者「なにになると思う？」

子どもたちとやりとりをしてから、トマトうさぎを裏返
します。

保育者「トマトうさぎ！」

4
トマトうさぎを下げ、とうもろこしわに〈表〉を出し、うた
います。

保育者

「今度は、とうもろこし」

♪うた

とうもろこし　ぱにゃぱにゃ
とうもろこし　ぱにゃぱにゃ　なんになる？

子どもたちとやりとりをしてから、とうもろこしわにを裏返
します。

保育者「とうもろこしわに！」

5
保育者

「最後はすいか！」

とうもろこしわにを下げ、畳んだすいか花火〈表〉を出し
うたいます。

♪うた

すいか　ぱにゃぱにゃ
すいか　ぱにゃぱにゃ　なんになる？

子どもたちとやりとりをしてから、すいか花火を裏返し
て広げます。

6
保育者

「すいか花火！　ヒュー、パーン！」

おしまい

おいしいもの 忍者じゃーん!

1

ねぎ師匠を出します。

ねぎ師匠

「みなさん、こんにちは。わたしは忍者のねぎ師匠。きょうは秋の修業。おいしいものに変身するぞ。最初は誰だ? 来い!」

2

くり忍者〈表〉を出します。

くり忍者

「はっ! ねぎ師匠!」

ねぎ師匠

「ほう。くり忍者はなにになる?」

くり忍者

「はい! わたしはあれです!」

「おいしいもの 忍者じゃーん!」(P.41)をうたい、最後の「トゥ!」に合わせてくり忍者を裏返します。

> ♪うた
>
> にんにん じゃじゃじゃーん にん じゃじゃーん
> おいしいものに にんににーん
> にんにん じゃじゃじゃーん にん じゃじゃーん
> へんしんするぞ にんじゃじゃーん トゥ!
>
> (以下 ♪うた)

3

ねぎ師匠「ほう、これはうまそうだ」

くり忍者

「はい! 師匠の大好きな、
くりごはんに変身しました!」

ねぎ師匠「すばらしい! 次!」

くり忍者を下げます。

4

さつまいも忍者〈表〉を出します。

さつまいも忍者「はっ」

ねぎ師匠

「ほう。さつまいも忍者、期待しておるぞ」

さつまいも忍者「はい!」

2と同様に ♪うた をうたい、最後の「トゥ!」に合わせてさつまいも忍者を裏返します。

5

ねぎ師匠

「おう、いい香りじゃ。
やはり、秋は焼きいもじゃのう。次!」

さつまいも忍者を下げます。

6

りんご忍者〈表〉を出します。

りんご忍者「はっ」

ねぎ師匠

「りんご忍者か。うーむ、なにに変身するのか……。いってみよう」

2と同様に ♪うた をうたい、最後の「トゥ!」に合わせてりんご忍者を裏返します。

7

ねぎ師匠

「これはこれは、甘酸っぱいりんごの香りがうまそうなアップルパイじゃ。
次が最後じゃ。来い!」

りんご忍者を下げます。

8

けんちん汁忍者たち〈表〉を出します。

忍者たち「はっ!」

ねぎ師匠

「これは、ごぼう忍者、豆腐忍者ににんじん忍者、
さといも忍者にだいこん忍者。
みんなでどうする? これは見ものじゃ」

忍者たち

「はい! わたしたちは、あれになります!」

2と同様に ♪うた をうたい、最後の「トゥ!」に合わせて裏返します。

9

ねぎ師匠

「これは見事、見事! けんちん汁か!
おお、なにか足りないと思ったら、これじゃな。
変身するぞ」

2と同様に ♪うた をうたい、最後の「トゥ!」に合わせてねぎ師匠を下げ、刻みねぎ師匠を出します。

10

刻みねぎ師匠を、けんちん汁忍者たち〈裏〉に重ねて貼ります。

刻みねぎ師匠

「これで完成じゃ。
秋はうまいものがいっぱいじゃ。
きょうの修業は、これにてドロン!」

おしまい

(P.42〜45) どこだ？ どこに？ いるのかな

1 草の後ろにひよことたぬきを、木の後ろにふくろうを少し見えるように隠します。お月様の上には、月見だんごを持たせたうさぎをくっつけ、上から雲①②を重ねます。

保育者A
「今夜は十五夜、夜になると
まんまるの大きいお月様が出るんだって！」

保育者B
「え！ まんまる？」

保育者A
「そう、まんまる！」

保育者B
「どこに見えるんだろうね〜」

「まんまるっと おつきさま」(P.45)をうたいます。

♪うた

まるっ まるっ まんまるーっと おつきさま
どこだ？ どこに？ いるのかーな

（以下 ♪うた ）

2 ひよこの頭を指さします。

保育者A
「あ！ あそこにまんまるが見える。お月様かな？」

ひよこ
「へ〜ピヨン！」

くしゃみに合わせて、ひよこを出したり、
引っ込めたりします。

保育者A
「ん？ 今なにか聞こえなかった？」

ひよこ
「へ〜ピヨン！」

保育者A
「やっぱりあのまんまるから聞こえるね」

くしゃみに合わせて、ひよこを出したり、
引っ込めたりします。

3 ひよこを全て出します。

ひよこ
「へ〜ピヨン！ ピヨったなあ。
かぜをひいたかな。
あっ、くしゃみが……へ〜ピヨン！」

保育者A
「わあ、ひよこさんじゃないか！」

ひよこ
「へ〜ピヨン！」

保育者A
「ひよこさん、お大事にね〜」

ひよこを草の後ろに下げ、♪うた をうたいます。

4 たぬきのおなかを指さします。

保育者A
「あれ？ こっちにもまんまるが見える。
さっきより大きいみたい」

たぬき
「ぐぐぐぐ〜」

いびきに合わせて、たぬきを出したり、引っ込めたりします。

保育者A
「ん？ ぐぐぐぐ〜？」

5 たぬきを全て出します。

たぬき
「ぽん、ぽぽ〜ん！ あ〜よく寝た。
昼寝していたら、もう夜じゃないか。
こりゃあまいった、まいった。
ああ、また寝よう……」

保育者A 「たぬきさんだったとは！」

たぬきを草の後ろに下げ、 ♪うた をうたいます。

6

ふくろうの頭を指さします。

保育者A

「あ、見て見て！　木の上に大きいまんまる！
今度こそ、お月様だね」

ふくろう

「ホッホホ〜！　ホッホホ〜！」

鳴き声に合わせて、ふくろうを出したり、引っ込めたりします。

保育者A

「あれ?
お月様ってこんなに出たり引っ込んだりするっけ?」

7

ふくろうを全て出します。

ふくろう

「ホッホホ〜！
なにを言っておる、わしじゃ。
お月様はもっと高い所におるよ。
わしも見ようとしてたんじゃ」

保育者A

「な〜んだ、ふくろうさんだったのか〜！」

ふくろうを木の後ろに下げ、♪うた をうたいます。

8

雲の中からうさぎを出し、地上に向かって動かします。

うさぎ

「わ〜〜〜！」

保育者A

「なにか落ちてきた！」

9

うさぎ

「ぴょこんとお届け、
作りたてほやほやのお月見だんごだよ〜！」

月見だんごをうさぎの手から外し、ボードに貼ります。

保育者A

「わ〜おいしそう、ありがとう！」

うさぎ

「おっと！　でも、もう戻らないと。
あ〜忙しい、忙しい！
ぴょんたかほ〜い!!」

うさぎをボードから外します。

保育者A

「うさぎさん、どこ行くの〜？」

10

保育者B

「すると、
雲の陰からとうとうお月様が顔を出しました」

雲①②を動かしてお月様を見せます。

保育者A

「やったー！　お月様だ！」

ひよこ、たぬき、ふくろうを草と木の後ろから出します。

たぬき

「こりゃあ、ぽんぽこ弾みますな〜！
それ、ぽんぽこぽ〜ん！」

ふくろう

「ホッホホ〜！
こりゃあきれいなお月様じゃ！」

保育者A

「それじゃあ、おだんごもあるし、
みんなでゆっくりお月様を見ますかね〜」

♪うた をうたい、お月様にうさぎの影を貼ります。

保育者A

「あれはもしかして、
さっきのうさぎさん……！
お〜い、うさぎさ〜ん！
おだんごをくれてありがとう〜！」

おしまい

(P.46〜49) うひゃうひゃ ハロウィン！

1

保育者

「きょうはハロウィン。
みんな仮装パーティーを
楽しんでいるようですよ」

ねこの上に、ドラキュラを重ねて出します。

ドラキュラ(ねこ)

「みなさん、うひゃうひゃハロウィン！
わたしのドラキュラのコスチューム、
すてきでしょ？
さて、ここで問題です。
わたしは一体誰でしょにゃぁ〜？」

「うひゃうひゃ ハロウィン！」(P.49)をうたいます。

♪うた

うひゃ　うひゃうひゃ　ハロウィン
うひゃ　うひゃうひゃ　ハロウィン
パーティーが　はじまるよー
わくわく　へんしん
わたしは　だれでしょ　うひゃうひゃ　ハロウィン ── Ⓐ

（以下 ♪うた ）

2

動物の見えている部分を伝えながら、子どもの答えを聞きます。

保育者

「あれ？　しっぽと、肉球が見えるね」

ドラキュラ(ねこ)

「……にゃあっ!!」

保育者

「それに、『にゃあ』って言っているよ。
あ、ねこちゃんだ！」

ドラキュラをはがします。

ねこ

「当たりだにゃ〜！」

保育者

「うひゃうひゃハロウィーン！」

ねこを下げます。

3

保育者

「次は誰が来るかな？」

ぞうの上に、フランケンシュタインを重ねて出します。

フランケンシュタイン(ぞう)

「うひゃうひゃハロウィン！
体も頭も大きいフランケンシュタインです。
さあ、わたしは一体誰でしょう？」

♪うた　のⒶの部分をうたいます。

4

動物の見えている部分を伝えながら、
子どもの答えを聞きます。

保育者

「誰だろう？　すごく耳が大きいね。
みんな、ぞうって言っているよ！」

フランケンシュタインをはがします。

ぞう

「パオーン！　大当たり〜！」

ぞうを下げます。

5

保育者

「今度は誰が来るかな？」

ペンギンの上に、こうもりを重ねて出します。

こうもり(ペンギン)

「うひゃうひゃハロウィン！
ペタ、ペタ、ペタ、ペタ〜！　わたしは誰でしょう？」

♪うた　のⒶの部分をうたいます。

6　動物の見えている部分を伝えながら、子どもの答えを聞きます。

保育者

「こうもりって、パタパタ〜って飛ぶでしょう？
飛んで見せてくれない？」

ペンギン

「飛べないんだよう……。ペタペタ……」

保育者

「飛べないの？
あれ、かわいい足がペタペタ動いているね。
ああ！　ペンギンだ！」

こうもりをはがします。

ペンギン

「そう、わたしは飛べない鳥、ペンギンでした！
でもね、海の中では飛ぶように泳ぐよ」

ペンギンを下げます。

7　**保育者**

「今度は誰が来るかな？」

しまうまの上に、ミイラ男を重ねて出します。

ミイラ男（しまうま）

「うひゃうひゃハロウィン！
包帯をぐるぐる巻きにしたミイラ男です。
さあ、わたしは誰でしょうね〜？」

♪うた　のⒶの部分をうたいます。

8　動物の見えている部分を伝えながら、子どもの答えを聞きます。

保育者

「しっぽがしましまだね。
立派なたてがみもあるよ。そう、しまうまだ！」

ミイラ男をはがします。

しまうま

「当たりです〜！
ミイラ男といっしょで、しましまです！」

しまうまを下げます。

9　**保育者**

「次は誰が来るかな？！」

おばけの上に、うさぎを重ねて出します。

うさぎ（おばけ）

「ぴょん、ぴょん〜！
うひゃうひゃハロウィン！」

保育者

「あれ、きょうは仮装パーティーだよ。
衣装はどうしたの？」

うさぎ（おばけ）

「わたしの衣装、
とってもかわいいでしょ〜」

♪うた　のⒶの部分をうたいます。

10　うさぎをはがします。

おばけ

「おばけでした〜！」

保育者

「わあ！　本物のおばけだ〜！」

おばけ

「だって、仮装パーティーがとっても楽しそうだったから、遊びに来ちゃったの。
わたしの仲間も来ているよ。
みんな〜集まって〜！」

11　ドラキュラ、フランケンシュタイン、こうもり、ミイラ男を出します。

動物たち

「わあ〜、本物だ、本物だ！」

ねこ、ぞう、ペンギン、しまうまを出します。

おばけ

「さあ、今夜はみんなでハロウィンパーティーだ！
みんなで楽しくうたって踊ろう」

♪うた　をうたいます。

おしまい

(P.52〜55) クリスマスといえば

1

ツリーの上に、クリスマスボックスを重ねて出します。

保育者①

「"クリスマスボックス"を持って来たよ。
クリスマスのものがいろいろ入ってるよ」

保育者②

「いったいなにが入っているのかな?」

「クリスマスといえば」(P.55)をうたいながら、クリスマスボックスから、ツリーを少しずつ出します。

♪うた

クリスマスといえば　やっぱりあれだよね
こえをあわせて　いってみよう

2

保育者②

「せーの!
『 ♪うた ツリー!　イェイ!』」

子どもたちがツリーと答えたら、ツリーを全て出して、最後までうたいます。

保育者①

「当たり!　やっぱりこれがなくちゃね」

♪うた

メリークリスマス　メリークリスマス　おめでとう　ヘイ!
メリークリスマス　メリークリスマス　おめでとう　ヘイ!

3

ツリーとクリスマスボックスを下げ、ケーキの上にクリスマスボックスを重ねて出します。

保育者①

「さあ、今度はなにが入っているのかな?」

1と同様にうたいながら、クリスマスボックスから、ケーキを少しずつ出します。

♪うた

クリスマスといえば　やっぱりあれだよね
こえをあわせて　いってみよう

4

2と同様に、子どもたちが答えたら、ケーキを全て出して最後までうたいます。

保育者①

「せーの!
『 ♪うた ケーキ!　イェイ!』」

保育者②

「当たり!　甘くておいしそ〜う」

♪うた

メリークリスマス　メリークリスマス　おめでとう　ヘイ!
メリークリスマス　メリークリスマス　おめでとう　ヘイ!

5

ケーキとクリスマスボックスを下げ、トナカイの上にクリスマスボックスを重ねて出します。

保育者①

「どんどんいくよ」

保育者②

「次はなんだと思う?」

1と同様にうたいながら、クリスマスボックスから、トナカイを少しずつ出します。

♪うた

クリスマスといえば　やっぱりあれだよね
こえをあわせて　いってみよう

6

2と同様に、子どもたちが答えたら、トナカイを全て出して最後までうたいます。

保育者①

「せーの!
『 ♪うた トナカイ!　イェイ!』」

保育者②

「当たり!　つのがかっこいいよね」

♪うた

メリークリスマス　メリークリスマス　おめでとう　ヘイ!
メリークリスマス　メリークリスマス　おめでとう　ヘイ!

おしまい

7 トナカイとクリスマスボックスを下げ、サンタさんの上にクリスマスボックスを重ねて出します。

保育者②

「トナカイさんが出て来たから……
次はなんだろうね？」

1と同様にうたいながら、クリスマスボックスから、サンタさんを少しずつ出します。

♪うた

クリスマスといえば　やっぱりあれだよね
こえをあわせて　いってみよう

8 2と同様に、子どもたちが答えたら、サンタさんを全て出して最後までうたいます。

保育者①

「せーの！
『 ♪うた サンタさん！　イェイ！』」

保育者②

「当たり！
サンタさんがいないと、始まらないよね」

♪うた

メリークリスマス　メリークリスマス　おめでとう　ヘイ！
メリークリスマス　メリークリスマス　おめでとう　ヘイ！

9 サンタさんとクリスマスボックスを下げ、プレゼントの上にクリスマスボックスを重ねて出します。

保育者①

「これで最後だよ。最後はなにかな？」

1と同様にうたいながら、クリスマスボックスから、プレゼントの毛糸を少しずつ出します。

♪うた

クリスマスといえば　やっぱりあれだよね
こえをあわせて　いってみよう

10 プレゼントが少し出たところで止めます。

保育者①

「あれ？　なんだろう？」

保育者②

「これじゃあ、わからないね。
もう1回、うたってみよう」

プレゼントを少しずつ出しながら、うたいます。

♪うた

クリスマスといえば　やっぱりあれだよね
こえをあわせて　いってみよう

11 2と同様に、子どもたちが答えたら、プレゼントを全て出して最後までうたいます。

保育者①

「せーの！
『 ♪うた プレゼント！　イェイ！』」

保育者②

「当たり！
わあ、プレゼントがこんなにたくさん！」

クリスマスボックスを下げ、ツリー、ケーキ、サンタさん、トナカイを貼り、プレゼントを持ちます。

保育者①②

「みんなのところにも、サンタさんがプレゼントを持って行くからねー！」

♪うた

メリークリスマス　メリークリスマス
おめでとう　ヘイ！
メリークリスマス　メリークリスマス
おめでとう　ヘイ！

おしまい

1

輪になるように十二支を一匹ずつ貼っていきます。

みんな「あけましておめでとうございます。今年もよろしくお願いします」

「干支とうたおう」（P.59）のA、B、Cをうたいます。Bは鳴き声に合わせて、順番に十二支の頭をずらします。

ねずみ「十二支のみなさん、そろいましたね。今年もみんなで楽しくうたいましょう」

♪うた

ねーうしとらうーたつみー　うまひつじさるとりいぬいー　A
チュー　モゥ　ガオ　ピョン　ゴー　ニョロ
ヒヒン　メェー　ウキキ　コケコッコー　ワン　ブヒー　B
みんなでたのしくうたおう　C

（以下　♪うた）

2

さる「すみませんー」

とら「さるさん、どうしました？」

さるをセリフに合わせて少しずつ動かし、下げます。

さる「ちょっとトイレにいってきます」

みんな「いってらっしゃーい」

3

ひつじ「さあ、またみんなでうたおう」

みんな「そうですね。うたいましょう」

♪うた のAをうたいます。歌詞に合わせて十二支を順番に指さしながら、「♪さる」は「あれ？」とアレンジします。

♪うた

ねーうしとらうー　たつみー
うまひつじ「あれ？」とりいぬいー

子どもたちに問いかけ、返事を聞きます。

ねずみ「誰がトイレに行ったんでしたっけ？」

4

さるを出します。

さる「戻ってきました」

みんな「あ、さるさん！お帰りなさい」

さる「みなさんでうたをうたっていたでしょう？　わたしもうたいたいです！」

ねずみ「じゃあ、みんなでうたいましょう」

十二支を指さしながら、♪うた のAをうたいます。

5

とらを輪の真ん中に出して、セリフに合わせて下げます。

とら「ぼくもちょっとトイレに行きたくなっちゃって……」

うし「とらさんも!?　いってらっしゃい」

6

ねずみ「それでは、またみんなでうたいましょう」

みんな「そうですね、うたいましょう」

♪うた のAをうたいます。歌詞に合わせて十二支を順番に指さしながら、「♪とら」は「♪あれ？」とアレンジします。

♪うた

ねーうし「あれ?」うー　たつみー　うまひつじ　さるとりいぬいー

子どもたちに問いかけ、返事を聞きます。

みんな「おやおや？　トイレに行ったのは誰でしたっけ？」

7

とらを出し、輪の真ん中に貼ります。

とら「はあ、スッキリしました」

うし「ああ、とらさん！　お帰りなさい」

とら「ところで、ぼくの場所はどこでしたっけ？」

ねずみ「こういうときは、うたえばいいんですよ!」

8

⑥と同様に、「♪とら」は「♪あれ？」とアレンジして♪うた のAをうたいます。

♪うた

ねーうし「あれ?」うー　たつみー　うまひつじ　さるとりいぬいー

9

うさぎ「あ！　とらさんはわたしの前ですよ」

とらを元の場所に戻します。

とら「ありがとうございます！　では、よいしょっと」

ねずみ「じゃあ、みんなそろったところで!」

みんな「うたいましょう、うたいましょう」

十二支を指さしながら、♪うた のAをうたいます。

10

ねずみ「ところで、今年はなに年ですか？」

たつ「はーい！　たつ年でーす！」

たつを輪の真ん中に貼り、セリフに合わせて冠を出し、たつの頭に貼ります。

ねずみ「今年の干支の方には冠をどうぞ！じゃあみんなでうたいましょう」

11

十二支を指さしながら、「干支とうたおう」のAからDまで通してうたいます。

みんな

「あけましておめでとうございます！」**おしまい**

1 台2つはあらかじめ机の上に出しておきます。
エビじいさんとおせっちさんを出します。

> **エビじいさん**
> 「わしはエビじいさん。
> 今年ももうすぐ終わりじゃから、
> お正月の神様をお迎えするため、
> お祝いの料理『おせち』を作るんじゃ。
> お〜い、おせっちさ〜ん！」

> **おせっちさん**
> 「はいは〜い！　そうね〜、そうね〜、
> おせちを作りましょう！
> ところで『おせち』ってなにを入れるの?」

> **エビじいさん**
> 「せいせいせーい！
> なんじゃ、おせっちさんは知らんのか」

2 **エビじいさん**
> 「まずはこれじゃ」

エビじいさんを台に立て、くるくるロールを出し、面ファスナーのところが演じ手側にくるまで回します。黒豆を貼り、さらに回しながら「なんじゃ なんじゃ おせち」(P.63)の「〇〇〇〇」の部分を「くろまめ」にしてうたいます。

> ♪うた
>
> なんじゃ　なんじゃ　なんなんじゃ　こりゃなんじゃ
> なんじゃ　なんじゃ　なんなんじゃ　こりゃなんじゃ
> 〇〇〇〇（くろまめ）　なんじゃ　セイ！

（以下 ♪うた ）

3 くるくるロールを止めて、黒豆を見せます。

> **エビじいさん**
> 「これは黒豆じゃ」

黒豆をおせっちさんに貼ります。

> **おせっちさん**
> 「あら〜！　甘いいい香りがするね」

> **エビじいさん**
> 「豆には『元気』や『丈夫』といった意味があるんじゃ。
> つまり『健康でたくさん働けますように』ということじゃ。豆だけにまめに働く！」

4 **エビじいさん** 「次はこれじゃ！」

栗きんとんを貼ったくるくるロールを回しながら、♪うたの「〇〇〇〇」の部分を「くりきんとん」にしてうたいます。

> **エビじいさん**
> 「これは栗きんとんじゃ」

栗きんとんをおせっちさんに貼ります。

> **おせっちさん** 「あら〜、きれいな色」
> **エビじいさん**
> 「そうじゃろ〜。
> この栗の色が昔のお金の色に似ていることから、
> 『金運アップ！』という意味もあるんじゃ」

5 **エビじいさん**
> 「次も似ている色じゃなあ、それ〜」

伊達巻を貼ったくるくるロールを回しながら、♪うた の「〇〇〇〇」の部分を「だてまき」にしてうたいます。

> **エビじいさん**
> 「伊達巻じゃ〜」

伊達巻をおせっちさんに貼ります。

> **おせっちさん**
> 「あら〜、本当。今度も黄色。
> くるくる渦を巻いているね」

> **エビじいさん**
> 「このくるくるした形が、
> 巻物といういろいろなことが書いてある、
> 昔の本の形に似ているんじゃ。
> だから『いろいろなことが知れますように』
> という意味があるんじゃよ」

6 **エビじいさん**
> 「さてさて、今度はこれじゃ」

昆布巻を貼ったくるくるロールを回しながら、♪うた の「〇〇〇〇」の部分を「こぶまき」にしてうたいます。

> **エビじいさん** 「これは昆布巻じゃ！」

昆布巻をおせっちさんに貼ります。

> **おせっちさん**
> 「あら〜、なにか巻かれているね」

> **エビじいさん**
> 「これは魚などを昆布で巻いた料理で栄養満点！
> だから『健康や長生き』を願う意味があるんじゃよ」

7

エビじいさん

「さあ次は、これもあった！」

れんこんを貼ったくるくるロールを回しながら、♪うたの「〇〇〇〇」の部分を「れんこん」にしてうたいます。

エビじいさん

「これは、れんこんじゃ！」

れんこんをおせっちさんに貼ります。

おせっちさん

「あら～、穴がなん個も空いているね」

エビじいさん

「そうなんじゃ。
この穴をのぞくと先が見えやすいということで、『これからのことがよくわかりますように』という意味があるんじゃ」

8

エビじいさん

「さあ次は、なんじゃろな？」

かまぼこを貼ったくるくるロールを回しながら、♪うたの「〇〇〇〇」の部分を「かまぼこ」にしてうたいます。

エビじいさん

「これは、かまぼこじゃ！」

かまぼこをおせっちさんに貼ります。

おせっちさん

「あら～、かまぼこは、
赤い色と白い色に分かれているんだね」

エビじいさん

「そうなんじゃ。赤い色には『魔除け』、
白い色には『清浄(せいじょう)』という意味があるんじゃ。つまり『悪いものを追い払ってくれますように』ということじゃ」

9

エビじいさん

「さて、そろそろこれで終わりになりそうじゃ
あぁあぁあぁ～～。
なななんじゃ～～目が回る～～～！」

くるくるロールの後ろからエビじいさんの顔を出し、
くるくるロールを回します。

エビじいさんを下げ、伊勢エビをくるくるロールに
貼って見せます。

伊勢エビ(エビじいさん)

「せいせいせいせ～～～い！！
なんじゃ、わしが伊勢エビかい！」

10

伊勢エビをくるくるロールから取ります。

おせっちさん

「あら～、なんだかこれはめでたい！」

エビじいさん

「そうじゃ！
わしたちは『腰が曲がるほど長生きをする』という意味があるんじゃ！」

伊勢エビをおせっちさんに貼ります。

おせっちさん

「あら～、すてき!!」

エビじいさん

「これにておせちが、完成！」

♪うた の「〇〇〇〇」の部分を「おせち」にしてうたいます。

おしまい

1

つのを出します。

<u>保育者</u>

「道に三角のものが落ちていました。
そこに、うさぎが跳ねてきました」

うさぎ〈表〉を出します。

<u>うさぎ</u>

「これなんだろう？
わたしのしっぽにしようっと」

2

うさぎを裏返し、つのをお尻に貼ります。

<u>うさぎ</u>

「よいしょ。痛い！
かっこいいけれど、硬いからやーめた！」

つのを残して、うさぎを外します。

3

<u>保育者</u>

「すると今度は、ねずみがやって来ました」

ねずみ〈表〉を出します。

<u>ねずみ</u>

「ぴかぴかのこれ、ぼくの帽子にしよう！」

つのをねずみの頭に貼ります。

4

ねこを出し、ねずみを裏返してつのを外します。

<u>ねこ</u>　「にゃーお！」

<u>ねずみ</u>　「ねこだ、逃げろー！」

つのを残し、ねずみを逃げるように動かしながら下げます。

5

雪だるまを出します。

<u>ねこ</u>

「にゃんだこれ？
そうだ、これを雪だるまさんの鼻にしよう」

つのを雪だるまの鼻に貼ります。

<u>ねこ</u>　「できたにゃー！」

ねこを外します。

6

<u>雪だるま</u>

「わあ、かっこいい鼻だ！
でも、ぼくには少し大きいかな？
そうだ！　これに乗ったら動けるぞ！　くるくる～！」

つのを雪だるまの下に貼り、動かします。

<u>雪だるま</u>　「わあ～、目が回るう～！」

7

<u>雪だるま</u>　「あれ～～！？」

つのを残して、雪だるまが飛んでいくように外します。

8

男の子と焼きいもを出します。

<u>男の子</u>

「あちち、あちち、焼きいもをもらったけれど、熱すぎ
るなあ。あっ！　これに入れたら……」

焼きいもの上につのを重ね、男の子の手に貼ります。

<u>男の子</u>　「うん、ぴったり！」

9

おに〈表〉を出します。

<u>おに</u>　「えーん、えーん」

<u>男の子</u>　「どうして泣いているの？」

<u>おに</u>

「ぼくの一番大切なものが
なくなっちゃったんだよ」

<u>男の子</u>

「かわいそうに。そうだ、ほくほくの焼きいもを食べ
て元気を出して！」

10

おにを裏返します。

<u>おに</u>

「あった！　これだよ、ぼくの大切なつの！」

<u>男の子</u>　「そうだったの？」

<u>おに</u>　「うん、ありがとう。ほら！」

つのをおにの頭に貼ります。

11

<u>男の子</u>

「わあ、おにさんだったのね。
よかった、よかった。じゃあ、焼きいもを半分こ
にしていっしょに食べようよ」

半分にした焼きいもをそれぞれの手に貼ります。

<u>男の子</u>

「おいしいね。もう大切なつのを
落とさないようにね」

<u>おに</u>

「うん、ありがとう！
ばいばーい！」

おしまい

(P.70~73) キッチくんのお誕生会

1

オウム〈表〉を出します。

オウム「みなさん、こんにちは！　きょうは
おさるのキッチくんのお誕生会へようこそ！
では、キッチくんどうぞ！」
キッチくん〈表〉を出します。

キッチくん「みなさん、こんにちは！
ぼく、おさるのキッチ。きょうで5歳なんだ」

オウム「わあ！　キッチくん5歳おめでとう！
誕生日のキッチくんに、ハッピーボックスを用意したよ」

2

「キッチくんのお誕生会」(P.73)をうたいます。

　♪うた

　たんたんたんたん　たんじょうび　キッチくんの
　たんじょうび　ハッピーボックスあけたなら
　しあわせいっぱいおめでとうー！

（以下　♪うた ）

バナナの帽子の上に青いハッピーボックスを重ねたもの
と、赤いハッピーボックスを出します。

オウム「じゃじゃーん！　この箱のどちらかに、
キッチくんへのプレゼントが入っています。
さて、それはどっちかな？」

キッチくん「うーん。みんな、どっちだと思う？」

3

子どもたちの答えを聞き、オウムのセリフに合わせて
青いハッピーボックスを外します。

キッチくん「ぼくは青い方だと思う」

オウム「キッチくん、青だね。
青色オープン！　大当たりー！」
バナナの帽子を、キッチくんの頭に貼ります。

キッチくん
「やったー！欲しかったバナナの帽子だ！」

4

バナナの帽子とハッピーボックスを一度下げます。
バナナのケーキの上に青いハッピーボックスを重ねたものと、
赤いハッピーボックスを出します。♪うた をうたいます。

オウム「ケーキは、どちらの箱に入ってい
るでしょうか？」
子どもたちの答えを聞き、オウムのセリフに合わせて
赤いハッピーボックスを外します。

キッチくん「うーん、今度は赤だ！」

オウム「では、赤色オープン！」

5

キッチくん「あーん、なかった」

オウム「ということは……青色オープン！」

青いハッピーボックスを外します。

キッチくん「わあ、大好きなバナナのケーキ！
みんなで食べよう。ほら、ほら」
子どもたちに分けるしぐさをします。

6

ハッピーボックスを下げます。うさぎ兄の上に青いハッピー
ボックスを重ねたものと、うさぎ妹の上に赤いハッピーボック
スを重ねたものを出します。♪うた をうたいます。

オウム「お友達がお祝いに来てくれまし
た。どっちに入っているかな？」

キッチくん「うーん、みんな、どっちだと思う？」

青いハッピーボックスからうさぎ兄の顔、
赤いハッピーボックスからうさぎ妹の足を出します。

7

キッチくん「うさぎくん？　あれれ？　よいしょ！」

キッチくんがうさぎ兄〈表〉引っ張っているように動か
し、ハッピーボックスを離します。キッチくんとオウムを
裏返します。

キッチくん「わあ、体が離れちゃった！　助けな
きゃ！　よいしょ、よいしょ」

うさぎ兄・妹を助け出すように、ハッピーボックスを外
して下げます。

8

キッチくんとオウムを〈表〉にします。

キッチくん「なんだあ、うさぎさんたちかあ。
びっくりしたー」
うさぎ兄を裏返します。

うさぎ兄妹「へへ。キッチくん、お誕生日おめ
でとう！　お祝いにダンスをするね！」

♪うた をうたい、うさぎ兄・妹がダンスをするように動
かします。

キッチくん「ありがとう！」

9

オウム
「じゃあ最後に、わたしからもプレゼントだよ」
ハッピーボックスセット〈表〉を出します。　♪うた をうたいます。

オウム「3、2、1、0　それー！」
ハッピーボックスセットを裏返して、電車を出します。

10

キッチくん「わあ、電車だー！
みんな、ありがとう」
電車の切り込みに、全員をさし込みます。

オウム・うさぎ兄妹「キッチくん、お誕生日おめでとう！」

♪うた をうたいます。

おしまい

1 木と草はあらかじめ机の上に出しておきます。ローソクくんを出します。

ローソクくん「やあ！　ぼくローソクくん。きょうはたっくんのお誕生日をお祝いしに行くんだ。よ〜し、出発！」

「ローソクくん」(P.77)をうたいます。

> ♪うた
>
> ロロロロ　ローソクくん　ロロロロ　ローソクくん
> ハピハピ　バースデイ　ハピバースデイ
> たたたた　たんじょうび　バースデイ

（以下 ♪うた ）

2 ちょうちょうを出します。
ちょうちょうの動きに合わせて、ローソクくんの炎を小さくしたり、大きくしたりします。

ちょうちょう「ひ〜らひらひら、ひ〜らひら」

ローソクくん「わわわわ〜！　炎が〜」

ちょうちょう「あら、あなたの炎、大きさが変わるのね〜。不思議だわ〜。ひ〜らひら」

ちょうちょう「あ〜不思議でおもしろかった！じゃあ、またね〜。さようなら〜」

ローソクくん「ふ〜びっくりした。そうだ、たっくんが待っているんだった。よ〜し！　出発！」

ちょうちょうを下げ、♪うた をうたいます。

3 とりを出します。

とり「なんだ？　あのゆらゆらしているのは。バッサ〜バッサ〜バザバッサ〜」

ローソクくんの炎を小さくします。

ローソクくん「わわわわわわ〜！」

とり「ちょっとツンツンしてみよっと！それツンツク……アッチッチッチ〜！　バサバサバサ！」

ローソクくん「わわわわ〜！これは大事な炎なんだよ〜」

とり「それはすまない〜。ごめんよ〜。じゃあ、またね〜。さようなら〜」

ローソクくん「は〜い、またね〜。よ〜し！　出発！」

とりを下げ、♪うた をうたいます。

4 かぜを出し、ローソクくんの前をかぜが横切るように動かします。ローソクくんの炎を小さくしたり、大きくしたりします。

かぜ「ビュ〜〜〜〜〜〜〜ウ！」

ローソクくん「わわわわ〜〜！　あと少しでたっくんのおうちだ。炎が消えないようにしないと」

かぜ「ビュ〜〜〜〜〜〜〜ウ!!!」

ローソクくん「わわわわわ〜〜！！！またかぜさんが来た〜！」

かぜをローソクくんから遠ざけます。

ローソクくん「よし今のうちに、急いで行こう！」

かぜを下げ、♪うた をうたいます。

5 くま〈表〉を出します。

くま「やあローソクくん!　どこに行くんだい?」

ローソクくん「やあ、くまさん！今からたっくんのおうちに……」

くまを裏返します。

くま「ハークション!!」

ローソクくん「わわわ〜〜！」

6 くまを〈表〉にします。

くま「ごめんごめん。なんだかきょうは鼻がむずむずしてさ。たっくんのおうちになにをしに行くんだい?」

ローソクくん「たっくんのお誕生会に……」

くまを裏返します。

くま「ハークション!!」

ローソクくん「わわわ〜！」

7 くまを〈表〉にします。

くま「あ〜きょうはよくくしゃみが出る日だよ。それにしてもローソクくんの炎は大きくなったり小さくなったりしておもしろくってすてきだな〜。ふぁ〜はっはっは〜〜！」

ローソクくん「そ、そうかい?!　じゃあ今からたっくんのお家に行くから、くまさんお大事にね」

くま「ありがとう〜。じゃあね〜。ふぁ〜はっはっは〜〜！」

ローソクくん「おっと！　急がないと！」

くまを下げ、テンポアップして ♪うた をうたいます。

8 ケーキを出し、ローソクくんをケーキにぴょんとのせます。

ローソクくん「ふ〜間に合った！　それじゃあ、たっくん、お誕生日おめでとう！　今からうたうから、最後にふ〜ってしてね。みんなもいっしょにしてくれるかい?」

9 ♪うた をうたいます。

ローソクくん「せ〜の！　ふ〜〜〜〜〜〜！お誕生日おめでとう！」

おしまい

(P.78〜80) ピンポン誕生日

1　土台の紙コップにニャーコちゃんの家を前にして重ねておきます。

保育者

「きょうはねこのニャーコちゃんの5歳の誕生日。おうちでニャーコちゃんが誰かを待っていますよ」

2　家を回転させて、ニャーコちゃんの顔を立たせます。

ニャーコちゃん

「きょうはわたしの誕生日。おうちでパーティーをするの。みんな、はやく来ないかなー」

「ピンポン誕生日」(P.80)をうたいながら、ニャーコちゃんを回転させながら顔を倒し、家を前に出します。

　　　♪うた

　　　うれしい　たんじょうび
　　　たのしい　パーティーだ
　　　ピンポーン　はーい　どなたですか

　　　　　　　　　　　　　（以下　♪うた）

3　ウーちゃんをニャーコちゃんの家の上に重ねて登場させます。

　　ウーちゃん　「ニャーコちゃん、お誕生日おめでとう」

ウーちゃんを紙コップから外します。家を回転させて、ニャーコちゃんの顔を立たせます。ウーちゃんと並べておきます。

ニャーコちゃん

「わあ！　ウーちゃんありがとう。入って入って」

　　ウーちゃん　「おじゃましますぴょん！」

4　♪うた　をうたいながら、ウーちゃんを少し離れた場所に置き、3と同じようにバウくんを出します。

　　バウくん

「ニャーコちゃん、お誕生日おめでとう」

バウくんを紙コップから外し、ニャーコちゃんを出します。

ニャーコちゃん

「バウくんありがとう！
どうぞー入って入って」

　　バウくん　「おじゃまするワン！」

5　♪うた　をうたいながら、バウくんを少し離れた場所に置き、3と同じようにブーリンを出します。

　　ブーリン

「ニャーコちゃん、お誕生日おめでとう」

ブーリンを紙コップから外し、ニャーコちゃんを出し、土台を下げてみんなを並べます。

ニャーコちゃん

「わあー。ブーリンありがとう！」

6　**ニャーコちゃん**

「みんな、来てくれてありがとう」

　　みんな

「ニャーコちゃん、目をつぶって！」

土台にケーキ（ロウソク側でない方を前に出して）を重ねて出します。

　　ウーちゃん

「はい。目を開けていいよ！」

　　ブーリン

「ジャーン！　みんなで作ったケーキだよ！」

ニャーコちゃん

「わあーすごい！　おいしそう」

7　**バウくん**

「ニャーコちゃんは5歳だから5本ロウソクに火をつけてみんなでうたおう！　せーの！」

ケーキを回転させ、ロウソクを立て「ハッピー バースデー トゥー ユー」をうたいます。

　　みんな

「ニャーコちゃん！　ロウソクの火を消して！」

ニャーコちゃん

「ふー（ロウソクをふく）みんなありがとう！」

ケーキを回転させ、ロウソクを下ろします。

8　それぞれの動物を回転させ、家を前に出してから重ねていきます。

保育者

「こうしてニャーコちゃんのおうちでは、みんなの楽しそうな声がいつまでも聞こえていました」

（おしまい）

P.8〜11 ワクワク ドキドキ にこにこえん

●ポスト ●みーちゃん ●うーちゃん

●ぴーちゃん ●わんちゃん ●かばえ先生

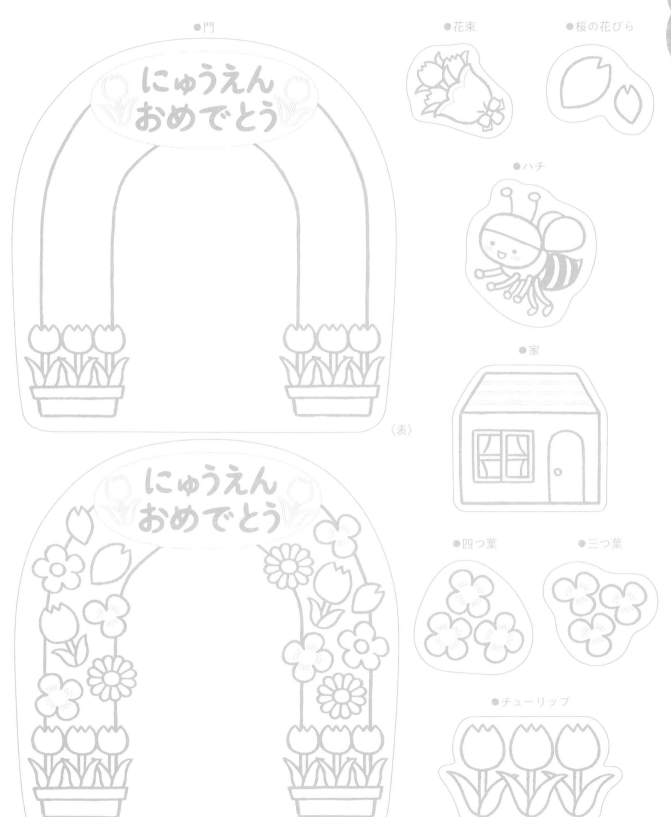

●門

にゅうえん
おめでとう

〈表〉

にゅうえん
おめでとう

〈裏〉

●花束

●桜の花びら

●ハチ

●家

●四つ葉

●三つ葉

●チューリップ

ピョコピョコピョコッと

●ちょうちょう

●かえる

●てんとうむし

●春ボード

※春ボードは、生き物(かえる、ちょうちょう、てんとうむし)を基準に170%拡大コピーをしてください。

(例)生き物を〈150%〉拡大コピーした場合、春ボードは〈+170%〉の〈320%〉拡大コピーをする。

切り抜く

●パックン（青・赤・黄・桃・緑）　※パックン（青）は（赤）（黄）（桃）（緑）と共通の型紙です。目の位置は、自由に変えてお使いください。

●いちご雲

●バナナ雲

●パックン（虹）

●もも雲

●メロン雲

-------- 山折り

型紙

ぼんぼりやーじゅ！ ひな祭りのまさっかショー！

※からくりキューブとカードは共通の型紙です。

●B面（ひし餅）

●A面（ぼんぼり）

●C面（三人官女）

●D面・D-2（五人囃子）

●E面（おひなさま）

P.24〜25 おばけかと思ったら……

●1ページ目

●2ページ目

●3ページ目

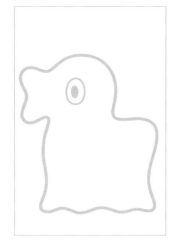

●4ページ目

●5ページ目

●6ページ目

●7(8・9)ページ目

●10ページ目

●11ページ目

※7ページ目は8・9ページ目と共通の型紙
　です。拡大率を変えてお使いください。

●パンちゃん

●短冊

パーティーに まにあいますように かめ

とうもろこしが たくさん たべられますように ぶた

すてきなドレスが きられますように りす

ひこぼしさんに あえますように おりひめ

あめが ふりますように かっぱ

●ささ

●ぶた

●りす

〈表〉　〈裏〉

●とうもろこし

〈表〉　〈裏〉

●雨雲

● かめ

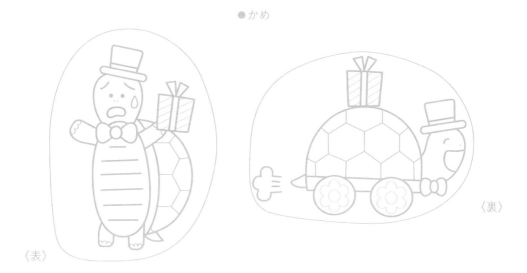

〈表〉　　　　　　　　　　　　　　　　　　〈裏〉

● かっぱ

〈表〉　　　　　　　　　　　　　　　　　　〈裏〉

● 彦星　　　　　　　　　　　● 織姫

〈表〉　　　　　　　　　　　　　　　　　　〈裏〉

●さかな

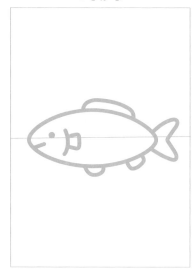

●かめ

●水カード

※水カードは3枚とも共通の型紙です。

●たこ

●ふぐ

●コップ

●金魚鉢

●名札

にーへん

●水たまり

●水中メガネ

切り抜く

●きゅうりへび

〈表〉

●トマトうさぎ

〈表〉

●とうもろこしわに

〈表〉

〈裏〉

〈裏〉

〈裏〉

●すいか花火

〈表〉

〈裏〉

P.38〜41 おいしいもの忍者じゃーん！

● ねぎ師匠

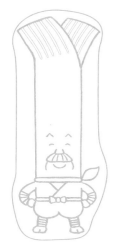

● 刻みねぎ師匠

● くり忍者

〈表〉　　〈裏〉

● りんご忍者

〈表〉　　〈裏〉

● さつまいも忍者

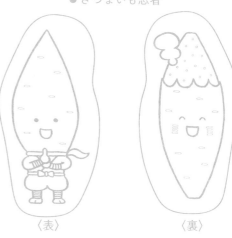

〈表〉　　〈裏〉

● けんちん汁忍者たち

〈表〉

〈裏〉

P.42〜45 どこだ？　どこに？　いるのかな

●ひよこ

●たぬき

●ふくろう

●うさぎ

●うさぎの影

●月見だんご

●木

●雲①②

※雲①②は共通の型紙です。
拡大率を変えてお使いください。

●草

P.46～49 うひゃうひゃ ハロウィン！

● ドラキュラ

● ねこ

● フランケンシュタイン

● ぞう

● こうもり

● ペンギン

● ミイラ男

● しまうま

● うさぎ

● おばけ

●ツリー

●クリスマスボックス

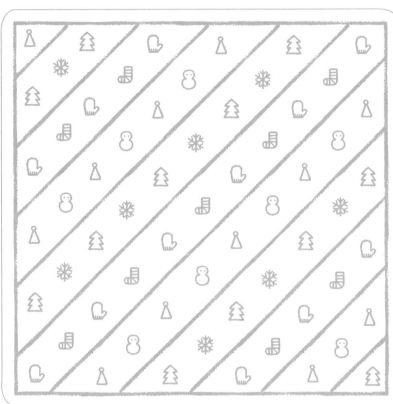

●サンタさん

●トナカイ

●ケーキ

●プレゼント

●ねずみ

●うし

●とら

●冠

●うさぎ

●たつ

●へび

●うま ●ひつじ ●さる

●とり ●いぬ ●いのしし

P.60〜63 おせっちさんとエビじいさん

● おせっちさん

● 伊達巻

● れんこん

● 栗きんとん

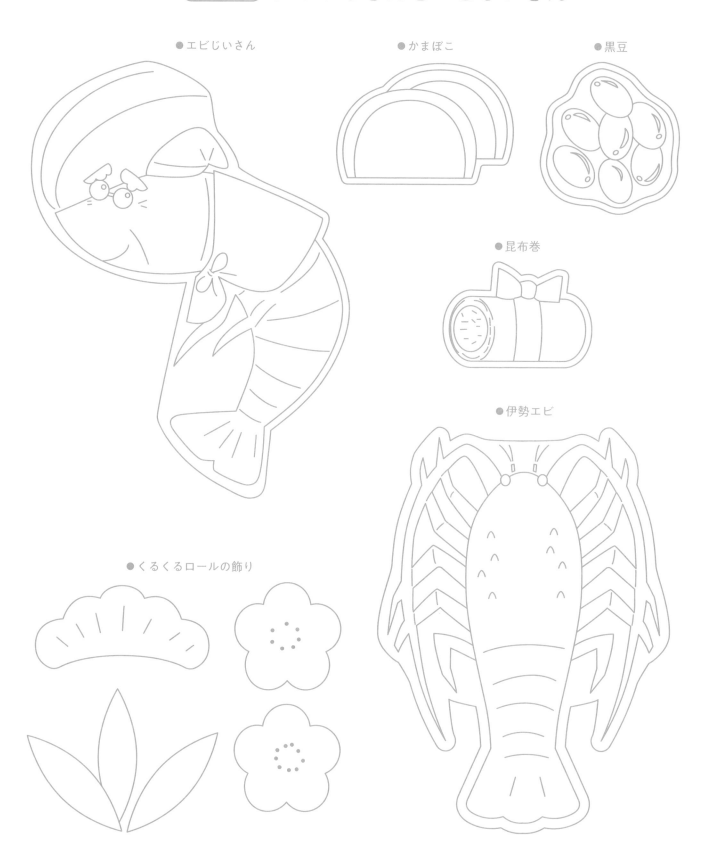

●エビじいさん

●かまぼこ

●黒豆

●昆布巻

●伊勢エビ

●くるくるロールの飾り

●つの　●焼きいも

●ねずみ
〈表〉　〈裏〉

●男の子

●うさぎ
〈表〉　〈裏〉

●ねこ

●雪だるま

●おに
〈表〉　〈裏〉

●キッチくん

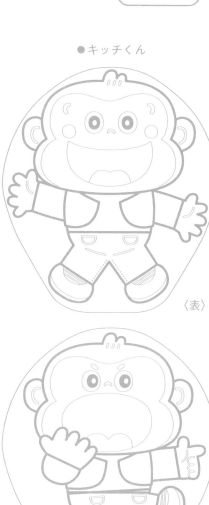

〈表〉

〈裏〉

●オウム

〈表〉

〈裏〉

●バナナのケーキ

●バナナの帽子

●うさぎ兄

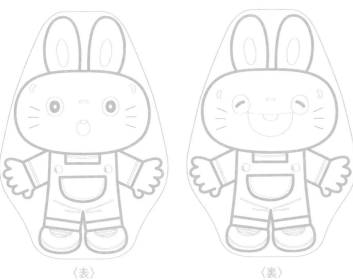

〈表〉　　　　〈裏〉

●ハッピーボックス（青・赤）

※ハッピーボックス（青）と（赤）は共通の型紙です。

●うさぎ妹

●ハッピーボックスセット

〈表〉

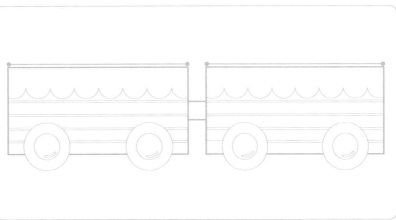

〈裏〉

●────→ 切り込み

※ハッピーボックスセットは、他のパーツ
　の200%に拡大コピーをしてください。
（例）キッチくんを〈200%〉拡大コピーした
　　場合、ハッピーボックスセットは
　　〈+200%〉の《400%》拡大コピーをする。

125

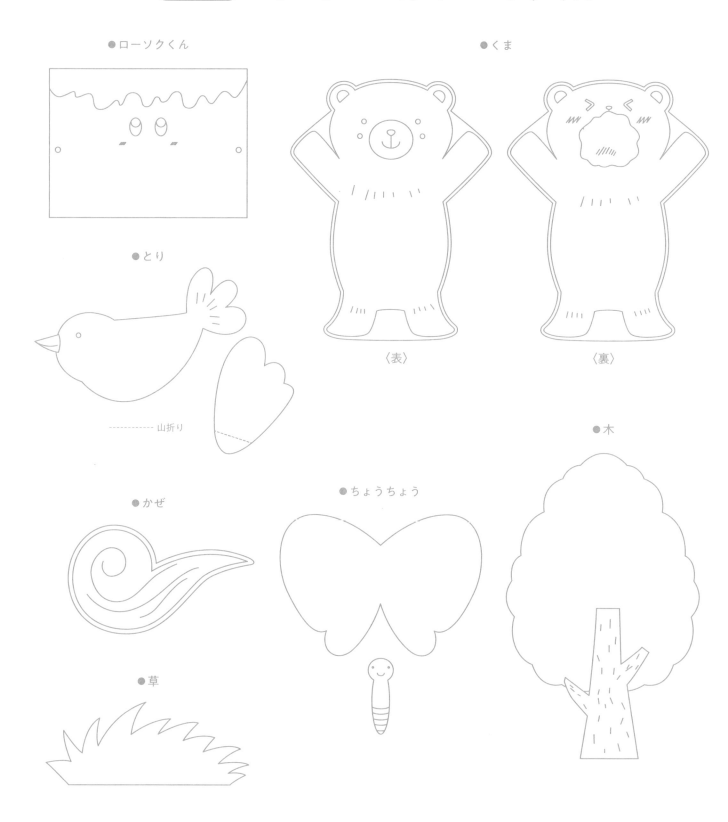

●ローソクくん

●くま

〈表〉　　　〈裏〉

●とり

------- 山折り

●かぜ

●ちょうちょう

●木

●草

●ニャーコちゃん ●ウーちゃん ●バウくん ●ブーリン

●家

●ケーキ（表・裏） ●ロウソク（1本） ●ロウソク（2本）

※家は4つとも共通の型紙です。

●ロウソク（3本） ●ロウソク（4本） ●ロウソク（5本） ●ロウソク（6本）

ケロポンズ

1999年結成、増田裕子（ケロ）と平田明子（ポン）からなるミュージック・ユニット。子ども向け音楽や振付の制作を手掛け、親子コンサートなどに年間100公演以上出演する。代表作「エビカニクス」は、保育園や幼稚園で人気の定番体操曲で、YouTube動画再生回数は1億4千万回を突破（2023年11月現在）。

ケロ（増田裕子）　ポン（平田明子）

すかんぽ

2015年に結成された、熊本県在住の入江浩子と、山梨県在住の川崎ちさとによる、現役保育士の子ども向け音楽ユニット。親子コンサートやイベント、保育者向け講習会への出演、保育雑誌への寄稿などを行う。遠距離を乗り越え、子どもとのふれあいを通じて作られたオリジナルの楽しい遊び歌やダンスは親子や保育者に好評。

入江浩子　川崎ちさと

ポットブックス

ケロポンズ・すかんぽの
行事&誕生会シアター

2024年2月　初版第1刷刊

著　　　者　ケロポンズ・すかんぽ
発 行 人　大橋 潤
編 集 人　竹久 美紀
発 行 所　株式会社チャイルド本社
　　　　　　〒112-8512 東京都文京区小石川5-24-21
　　　　　　電話　03-3813-2141（営業）　03-3813-9445（編集）
　　　　　　振替　00100-4-38410
印刷・製本　共同印刷株式会社
日本音楽著作権協会（出）許諾第2309682-301号

本文・装丁デザイン　chocolate.
撮影　　　　　　　　林 均
メイク　　　　　　　一山あい子・吉田香里
シアターイラスト　　あさいかなえ・うちべけい・くまだまり・
　　　　　　　　　　コダイラヒロミ・さくま育・ジャブノオウチ・
　　　　　　　　　　中小路ムツヨ・冬野いちこ・まーぷる・みさきゆい
作り方イラスト　　　速水えり・松山絢菜・みつき・わたいしおり
型紙　　　　　　　　中小路ムツヨ・松山絢菜・みさきゆい
　　　　　　　　　　株式会社奏クリエイト・ブレーンワークス
楽譜浄書　　　　　　株式会社クラフトーン
本文校正　　　　　　有限会社くすのき舎
編集　　　　　　　　川波晴日・五十嵐 渚

チャイルド本社のウェブサイト
https://www.childbook.co.jp
チャイルドブックや保育図書の情報が盛りだくさん。どうぞご利用ください。